特別支援教育の
マネジメント

篠原清昭/平澤紀子
［編著］

ミネルヴァ書房

まえがき

　本書は，特別支援学校を中心とした学校経営の実践開発書として刊行することを目的とする。

　これまで，特別支援学校を対象とする専門的な学校経営の書はなく，実際の特別支援学校の学校経営の考え方（理論）と方法（マネジメント）は，小中学校等を前提，対象とする一般の学校経営書を参考にしてきた。

　しかし，実際の特別支援学校の学校経営は，障害種別に応じた学校類型，学校規模（児童・生徒数や教員数），就学期間（最大12年間），組織構造（小学部・中学部・高等部）などの異なる経営条件の中で，障害のある子ども一人一人の教育的ニーズに応じた支援と自立を目的とする専門的なカリキュラムと実践の固有なマネジメントを必要とする。その意味では，小中学校等を対象とする一般的な学校経営モデルは特別支援学校に単純に適用できない。そこに，特別支援学校に固有な学校経営の考え方と方法が今求められる。

　また，一方，近年はインクルーシブ教育の推進により小中学校等においても，特別支援教育の専門的なマネジメントが求められている。実際，小中学校等の学校経営においても，特別支援学級や発達障害児・生徒が在籍する通常学級の特別支援教育をどのように位置づけるか。新たな学校経営の課題がある。この点，本書は基本的には特別支援学校のマネジメントを内容とするが，その理論と方法は同時に小中学校等におけるインクルーシブ教育のマネジメントに有効な考え方と方法を提供すると考える。

　近年，特別支援教育の領域においては障害児童・生徒の権利と平等保障のため，共生社会に向けた共生共学を求めるインクルーシブ教育への体制変化が求められている。しかし，一方，学校現場は「インクルーシブ教育」が何を意味するのか，さらにそのための学校組織や実践のマネジメントをどのように推進するのか。多くの不安と模索がある。

そのため，本書は特別支援学校及び小中学校等における特別支援教育のマネ
ジメントの考え方と方法を提示することを目的とした。

　　2021年12月27日

共編者　篠原清昭

目　次

まえがき

あとがき

索　引

第1章

特別支援教育政策の実際と課題

　　　本章では，政策論の視点から特別支援教育を考える。一般に特別支援教育は実践論を中心に考察される傾向にあるが，実際の現場における実践は，法令改正を内容とする外的な教育政策や条件整備に強く影響を受けている。また，学校現場には「特別支援教育」や「インクルーシブ教育」など，教育政策が使用する政策用語の意味が十分に浸透しているとはいえない。そのため，ここでは実際の特別支援教育のマネジメントを考える前提として，特別支援教育に関する教育政策の理念や実際を考察し，さらに現場サイドが認識しておかなければならない特別支援教育政策の課題を検討する。

1　特別支援教育の体制化とインクルーシブ教育システムの導入

　特別支援教育政策の理念とは何か。それは，特別支援教育の体制化とインクルーシブ教育システムの導入をいう。それらの政策理念は学校組織にどのようなマネジメントを求めているか。さらに，「特別支援教育」や「インクルーシブ教育」などの政策理念は校長や教師にどのような実践を求めているのか。以下，特別支援教育政策の変化を通史的に確認し，特別支援教育の政策理念や目的を考察する。

　特別支援教育政策の変化は，大きくは特殊教育体制から特別支援教育体制への転換期とインクルーシブ教育システムの導入期に分けられる（資料1-1）。

（1）特殊教育体制から特別支援教育体制への転換
　特殊教育体制から特別支援教育体制への転換は，中央省庁再編化により2001

資料 1-1　特別支援教育政策の変化

		特別支援教育政策	障害者制度改革	国際動向
インクルーシブ教育システムの導入期	2018	学校教育法施行規則改正（高校の通級指導）	第四次障害者基本計画閣議決定	
	2017	新特別支援学校幼稚部教育要領・小学部・中学部学習指導要領		
	2016		改正発達障害者支援法施行，障害者差別解消法施行（「合理的配慮」）	
	2015			
	2014		「障害者の権利に関する条約」批准	
	2013	学校教育法施行令一部改正（就学指定基準の弾力化）	障害者差別解消法制定　障害者雇用促進法改正	
	2012	中教審「共生社会の形成に向けたインクルーシブ教育システム構築に向けての特別支援教育の推進（報告）」	障害者総合支援法制定	
	2011		障害者基本法改正（第16条「共学」）民主党政権期	
	2010	中教審「インクルーシブ教育システム構築に向けての特別支援教育の方向性について（論点整理）」	障害者自立支援法（発達障害の明確化）障害者制度改革推進課意義を設置	国連から日本へ3回目の韓国（分離教育からインクルーシブ教育へ　2010.8）
	2009			
	2008			
特別支援教育体制への転換期	2007	学校教育法（一部改正）（第72条）	「障害者の権利に関する条約」に署名	
	2006			国連「障害者の権利に関する条約」採択
	2005	中教審「特別支援教育を推進するための制度の在り方について（最終答申）」	発達障害者支援法施行	
	2004		障害者基本法改正	
	2003	中教審調査研究協力者会議「今後の特別支援教育の在り方について（最終報告）」		
	2002	文科省実態調査（困難児童・生徒が通常学級に6.3%）	障害者基本計画を閣議決定	
	2001	中教審調査研究協力者会議「21世紀の特殊教育の在り方について（最終報告）」		国連「障害者の人権及び尊厳を保護・促進するための包括的・総合的な国際条約」決議案採択（「障害者の権利条約」審議開始）
	2000	文科省部局再編化（特殊教育課が特別支援教育課に）		
				特別なニーズ教育における原則，政策，実践に関するサラマンカ声明（1994）

（出所）筆者作成。

（平成13）年1月文部科学省初等中等教育局内の「特殊教育課」が「特別支援教育課」に名称変更され，さらに同年同月に発表された中央教育審議会調査研究協力者会議報告「21世紀の特殊教育の在り方について（最終報告）」が「特別な教育的ニーズ」の用語を初めて使用したことを契機とする。この用語は，しかし，単なる用語にとどまらずこれまでの特殊教育が障害程度等を視点とする医療モデルよる教育体制であったことを改め，障害児一人一人の特別な教育的ニーズに視点を置き，そのニーズに応じる自立支援を障害児教育の目的とするという社会モデルを意識した障害児教育理念の転換を図った。

　そこには，大きくは当時の障害児教育の実情と国内外の障害者政策・思想の影響があった。障害児教育の実情としては当時特殊教育諸学校（盲・聾・養護学校）に在籍する重複障害のある児童生徒への対応やLD，ADHD等通常の学級等に在籍する発達障害の児童生徒への対応がすでに求められていた。一方，国外からの影響として「特別なニーズ教育に関する世界会議」が障害のある子どもを含めた万人のための学校を求める「サラマンカ宣言」（1994年）を提唱し，国際連合ではノーマライゼーションを志向する「障害者の権利に関する条約」の策定に向けた審議が開始されていた。

　このような国外の動きは先に国内の障害者政策に波及した。当時の政府は2002（平成14）年に障害者関連施策の基本的な方向を盛り込んだ「障害者基本計画」を閣議決定し，「ノーマライゼーション」（等生化）の理念による障害者の社会への参加，参画に向けた施策の一層の推進を図った。このとき，障害児教育に関して，障害のある子ども一人一人のニーズに応じてきめ細かな支援を行うために，乳幼児期から学校卒業後まで一貫して計画的に教育や療育を行うとともに，学習障害，注意欠陥／多動性障害，自閉症などについて教育的支援を行うなど，特別のニーズのある子どもに対して適切に対応することを求めた。また，2004（平成16）年に障害者に対して障害を理由として差別その他の権利利益を侵害してはならないことを本旨として障害者基本法を改正し，障害児教育に関しても障害のある児童生徒と障害のない児童生徒との交流及び共同学習の積極的推進による相互理解を促すことを規定した。さらに，2005（平成17）

年に発達障害に関する早期発見や発達支援に対する国及び地方公共団体の責務を明らかにし，学校教育における支援や就労の支援等を定めた発達障害者支援法を施行した。

　以上の国際動向や国内の障害者制度改革の影響の下，文部科学省は今後の障害児教育の方向性を協議し（調査研究協力者会議「今後の特別支援教育の在り方について（最終報告）」(2003年)），中央教育審議会答申（「特別支援教育を推進するための制度の在り方について（最終答申）」(2005年)）において，新たな障害児教育としての特別支援教育の方向性を示した。それは，障害児教育の課題を障害とその障害に対応した指導といった教育者主体の課題ではなく，障害児一人一人の教育的ニーズの把握と自立・社会参加への支援といった当事者主体の課題に置き換えることを意味した。さらに，その課題は就学先決定の在り方や小・中学校等に在籍するLD，ADHD児等への組織的対応を求め，新たな法改正（学校教育法改正）による制度改革を伴う体制変化と位置づけ，以下のように特別支援教育を定義した。

> 　特別支援教育とは，従来の特殊教育の対象の障害だけでなく，LD，ADHD，高機能自閉症を含めて障害のある児童生徒の自立や社会参加に向けて，その一人一人の教育的ニーズを把握して，その持てる力を高め，生活や学習上の困難を改善又は克服するために，適切な教育や指導を通じて必要な支援を行うものである。

（2）インクルーシブ教育システムの導入

　2007年，学校教育法が改正され「特別支援学校」「特別支援学級」の用語が法定され，正式に特別支援教育体制がスタートした。しかし，その前年（2006年），国連において「障害者の権利に関する条約」が採択され，同年（2007年）に日本政府は同条約に署名した。この「署名」により日本政府は将来的に条約の内容に対する基本的な賛意を表明し，国会による承認などの所要の国内手続き等を経て条約を批准締結する手続きに入っていった。そこに，国際動向に影響されたインクルーシブ教育システム導入の契機があった。この場合，「障害

者の権利に関する条約」には教育条項（第24条の2）があり，以下のように障害児の教育を受ける権利の確保（方法）を求めた。[(1)]

(a) 障害者が障害に基いて一般的な教育制度（general education system）から排除されないこと及び障害のある児童が障害に基いて無償のかつ義務的な初等教育から又は中等教育から排除されないこと。

(b) 障害者が，他の者との平等を基礎として，自己の生活する地域社会（the community in which they live）において，障害者を包容し，質が高く，かつ，無償の初等教育を享受することができること及び中等教育を享受することができること。

(c) 個人に必要とされる合理的配慮（Reasonable accommodation）が提供されること。

(d) 障害者が，その効果的な教育を容易にするために必要な支援を一般的な教育制度の下で受けること。

(e) 完全な包容（full inclusion）という目標に合致する効果的で個別化された支援措置がとられること。（カッコ内は原文）

ここで特にキーワードとなるのは「完全な包容（full inclusion）」であり，「障害者の権利に関する条約」は障害児教育の方法に関していわゆる分離教育ではなく統合（完全包容）教育を意味するインクルーシブ教育を求めた。

そのため，これ以降，分離教育を基本とする日本の特別支援教育路線は統合教育を求める国際的なインクルーシブ教育のムーブメントの影響を受け，インクルーシブ教育の吟味が不十分な中でその概念（思想）が「輸入」され，政策次元のコンセプトになった。

2009（平成21）年9月，政権交代により与党となった民主党は「障害者の権利に関する条約」批准のため，内閣に「障がい者制度改革推進本部」を設置し「障がい者制度改革推進会議」に障害者制度改革の推進のための基本的方向を検討させた。このとき，同会議は障害児教育に関して「障害者の権利に関する条約」に規定された国際的なインクルーシブ教育（統合教育）を支持し，「障害のある子どもとない子どもが同じ場で共に学ぶことができることを原則とす

る」（障がい者制度改革推進会議報告「障害者制度改革の推進のための第二次意見」
2010年10月）として，文部科学省に対して特別支援教育路線の変更を求めた。

　一方，文部科学省は「条件整備が整わない中での理念のみのインクルーシブ
教育は，結果として，子どもの『能力を可能な最大限まで発展させる』との目
的（「障害者の権利条約」第24条）を損なうおそれがある」（第9回障がい者制度改
革推進会議に提出された「ヒアリング項目に対する意見書【文部科学省】」2010年4月
26日）と反論し，「障がい者制度改革推進会議」の場で以下のように抗弁した。

　「条約に署名すること自体が，特別支援学校の存在を否定するものではない。
システムの構成要素として特別支援学校がある」（第17回障がい者制度改革推進会
議，文部科学省特別支援教育課斉藤課長），「インクルーシブ教育システムと特別支
援教育は，相反するものだとは考えていない」（第9回，高井政務官），「インク
ルーシブ教育システムにおいて重要なことは，通常の学級，通級による指導，
特別支援学級あるいは特別支援学校といった多様な学びの場を用意しておくこ
と」（第25回，文部科学省特別支援教育課千原課長）。

　結果的には，障がい者制度改革推進会議の意見は特別支援学校や特別支援学
級の廃止さらに通常学級での共学を急進的に求める点で，当時障害児教育関係
者の不安を煽り世論の反発を受け，障害者基本法の改正に反映されることはな
かった。⁽²⁾

　その後，文部科学省はインクルーシブ教育の理念を尊重しながらも，「特別
支援教育は，共生社会の形成に向けて，インクルーシブ教育システム構築のた
めに必要不可欠なもの」（中央教育審議会報告「共生社会の形成に向けたインクルー
シブ教育システム構築のための特別支援教育の推進」（2011年7月23日））と改めて定
義し，特別支援学級・特別支援学校の存在を通常学級・通級指導とつながる
「連続性のある『多様な学びの場』」（同報告）と規定し，実質的な特別支援教育
体制の路線を維持しその定着にむけて政策を具体化していった。その時点で，
「インクルーシブ教育」をシステム（制度）として（部分的に）導入しながら，
「特別支援教育」を体制として維持・発展させる現在の特別支援教育政策が方
向づけられた。

2　インクルーシブ教育システム導入の実態と課題

　現在の特別支援教育政策は，特別支援教育の中心的な命題として「特別な教育的ニーズ」を掲げその体制化を推進するが，同時にインクルーシブ教育システムの導入を推進する。そのため，中央教育審議会（「共生社会の形成に向けたインクルーシブ教育システム構築のための特別支援教育の推進」）は，「就学先決定の在り方」や「発達障害児支援」などに関してインクルーシブ教育のシステムの導入と特別支援学校の体制化を重点的に提言した。ここでは，インクルーシブ教育システム導入の実態と課題について考察する。

（1）就学先決定の改正にみる教育的ニーズ判定の課題

　就学先決定の制度の改正は，障害児教育の対象を「障害」ではなく当事者の「教育的ニーズ」に置く特別支援教育体制の「入口」であり，特別支援教育の起点となる重要な政策であった。そのため，就学先決定に関して，従来のような障害の標準区分に準拠した外部評価（診断）ではなく，当事者（本人・保護者）の教育的ニーズを最大限尊重し（可能な限りその意向を尊重し），合意形成を条件とすることを原則とした。この場合，最も注目されるのは，学校教育法施行令第22条の 3 （特別支援学校に就学する障害の区分・程度）に該当する児童生徒の中で小・中学校へ入学したい者に対して，従来の特別支援学校へ原則就学するという就学先決定の仕組みを改め，特別支援学級や通常学級へ入学できる可能性を弾力的に広げた点にある。また，特別な教育的ニーズは固定しないという考えから就学時のみではなく，就学後においても障害児のニーズ変化に対応して「多様な学びの場」の保障として柔軟な転籍・転校措置（特別支援学校・特別支援学級・通常学級間の異動）を予定した点にある。以上のことは，分離教育の基準を緩和し，統合教育の選択の可能性を広げたという点で，共生共学を求めるインクルーシブ教育システムの部分的な導入といえる。

　現在，学校教育法施行令第22条の 3 に該当すると判断された児童で，特別支

援学校ではなく小学校を選択した児童は３割前後（平成29年度は3055人で29.7％）に及ぶ。また，現在公立学校を希望する当該児童（第１学年から第６学年）のうち，特別支援学級ではなく通常学級を選択した児童はおよそ１割（平成29年度は1433人で9.9％）に及ぶ。なお，就学後における特別支援学校と特別支援学級の間の転校については実際には大きな変化はなく，特別支援学級から特別支援学校への転入者が特別支援学校から特別支援学級への転入者より多い傾向は変わらない。

　しかし，一方，検討しなければならない課題も生じた。それは就学先決定の弾力化に伴う特別な教育的ニーズの判定の難しさをいう。

　特別な教育的ニーズの判定は，障害児本人の障害や認知・学習特性などの個体要因のみではなく，学習内容や学習方法などの環境要因との相互関係によって規定される。就学先決定のステージで言えば，その決定は「本人・保護者の意見」（個体要因）のみではなく，「専門家の意見」や「地域における教育体制の整備状況」に基づく「教育上必要な支援」（環境要因）の判断により総合的に行われることになる。そのため，教育的ニーズは「求める者」の需要ニーズと「与える者」の供給ニーズにより相関的に形成されることになる。

　この場合，検討しなければならないのは特別な教育的ニーズの複合的な構造である（資料1-2）[3]。本来，特別な教育的ニーズは障害児自身の「本人ニーズ」を想定するが，障害を原因として本人が自身のニーズを表現できない場合が多い（特に小学校入学）。そのため，教育的ニーズは本人が何を需要したいかではなく何を与えるべきかに基軸が置かれ，保護者と第三者（教育委員会，学校）の「与える者」（供給サイド）の内で，「保護者ニーズ」と「第三者ニーズ」の「合意形成」が求められることになる。

　しかし，その「合意形成」は，法制度上「本人・保護者の意見を最大限尊重（可能な限りその意向を尊重）」することを義務づけるため，実際は「当事者ニーズ」と形容される「保護者ニーズ」が尊重される。確かに保護者（特に母親）は子どもの障害をみつめ，補完し，そのニーズを「読み」，ともに生きることにアイデンティティをもつ「もう一人の当事者」（藤原，2002）としての特

資料1-2　特別な教育的ニーズの判定構造

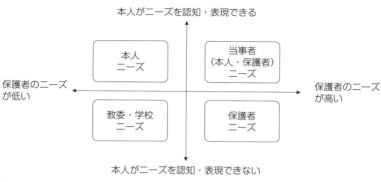

（出所）筆者作成。

異性をもつ。しかし，一方，その保護者ニーズは必ずしも本人ニーズではなく，保護者自身の期待や要望を指す場合がある。結果，保護者の中には自身のニーズをわが子のニーズと「等価」（増田，2018）し，教育専門的な支援を「手出し」として否定し，通常学級に「投げ入れ」（ダンピング）するリスクを生じさせているケースもある。そこに受け手（本人）とニーズを判断する者（保護者）さらに供給を決定する者（教育委員会）の三者の葛藤がある。それは，就学先決定という「入口」の過程ですでに「分離教育」と「統合教育」の選択というインクルーシブ教育システム導入の葛藤が存在することを意味する。

　「私たちの事を私たち抜きに決めないで（Nothing About us without us)」（中西・上野，2003，7頁）といわれる障害児の権利保障のアセスメントの課題がそこにある。

（2）発達障害児支援の体制化にみる課題

　さらに，インクルーシブ教育システム導入の課題として障害児教育の対象の拡大がある。それは，いわゆる通常学級に在籍する「発達障害（LD，ADHD，高機能自閉症等）の可能性のある児童・生徒」への特別支援教育をいう。文部科学省はすでに2012（平成24）年の時点で全国調査を実施し，公立小中学校の

通常の学級に在籍している，知的発達に遅れはないものの「学習面又は行動面で著しい困難を示す」児童生徒の割合が6.5％に及ぶことを明らかにし（文部科学省初等中等教育局特別支援教育課「通常の学級に在籍する発達障害の可能性のある特別な教育的支援を必要とする児童生徒に関する調査結果について」2012年），それ以降発達障害児支援の体制化を進めた。2016（平成28）年度より発達障害者支援法の大幅な改正により，公立義務教育諸学校の学級編制及び教職員定数の標準に関する法律（義務標準法）を改正し，発達障害児に「通級による指導」を行い，その通級指導担当の教員の基礎定数化を進めた。⁽⁵⁾それは，長年にわたって障害児教育の谷間に取り残されていた発達障害児の存在の定義と障害児教育体制における位置づけを確立し，発達障害児のインクルーシブ（包摂）的な支援を行うという意味で，「日本型インクルーシブ教育」（有松，2013，3頁）とも形容される。

　従来，通常学級の発達障害児は「学力遅延児」「問題行動児」と形容され，その原因は本人の怠けや努力不足，さらに家庭のしつけの不足など教育・支援の範囲外とされてきた。その意味では，今回の発達障害児支援の体制化は発達障害児の行動等の背景にある障害の特性を正しく理解し，教育的ニーズに応じた適切な指導や必要な支援が可能となる効果が期待される。

　しかし，一方，発達障害児支援の体制化にはいくつかの課題が存在する。その最も大きな課題が「発達障害」の理解の難しさと（通常）学級担任教師の専門性にある。現状では，「発達障害」は臨床域の疾患カテゴリーでは区別できないといわれる（田中，2020，258-259頁）。そのため，教育域において社会的カテゴリーとして認識し，障害児個人の障害の多様性と連続性の個人特性に対応した個別支援が求められることになる。それは，当然に相当の負担を学級担任に課す。

　一方，現状では通常学級担任教師の多くはインクルーシブ教育が何でありどのような取り組みを行えばいいのか，意味と方法に関して不安が広がっている。インクルーシブ教育の必要性を認識しながらもその実施については知識がなく不安感が高い（資料1-3）。実際，発達障害児支援の実践についても「個別の

資料1-3　インクルーシブ教育に対する通常学級担任教師の意識

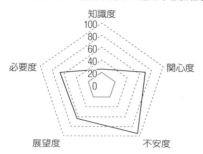

（出所）上野光作・中村勝二（2011）「インクルージョン教育に対する通常学級教員の意識について」『順天堂大学スポーツ科学研究』3(2)，114頁。

教育支援・対応の難しさ」や「保護者への対応」さらに「学習支援や教材の不足」や「共同学習の仕方」の難しさを指摘する声が多い。この傾向は，障害児の通常学級への入学在籍の増加により増幅している（大関・司城，2019，629頁）。

　この場合，通常学級担任をサポートすることを目的に制度化された通級指導教室については，その設置数は少なく（特に中学校），指導時間も短い。さらに，通級指導教室の担任教師は特別支援学校教諭免許状の取得を義務付けられておらず，通常学級での教科指導のサポート効果が疑問視されている。現在，通級指導を希望する児童は増加傾向にあり，通級指導教室の増加と通級指導教室担当教師の専門性・指導性の向上が大きな教育政策課題となっている。そこには，新たに65万人から100万人の発達障害児を障害児教育の対象にするための受け入れ体制が整備されていないという政策課題がある。

3　特別支援学校の教育政策の実態と課題

　近年の特別支援教育政策は，多くがインクルーシブ教育を標語とするため，通常学校（学級）における発達障害児支援がクローズアップされる傾向にある。しかし，本来特別支援教育の中核は当然に障害児を対象とする特別支援学校にある。そのため，ここでは特別支援学校に関する教育政策の重点を検討する。

特別支援学校に関する教育政策の重点は，障害種にとらわれない特別支援学校制度への統合と特別支援学校のセンター的機能の付与，さらに教員の専門性の向上にあった。特別支援学校制度への統合化は，従来の特定の障害種のみを受け入れる「盲・聾・養護学校」の学校本位制度から，重複障害のある障害児本人の教育的ニーズに視点を置き，それに応答できる効果的で柔軟な支援の場と内容（改正学習指導要領）を提供することを目的とした。それは，障害の程度等に応じ特別の場で指導を行う「特殊教育」から障害のある児童生徒一人一人の教育的ニーズに応じて適切な教育的支援を行う「特別支援教育」を具現化する重要な制度改正であった。さらに，特別支援学校のセンター的機能は，特別支援学校が地域の小・中学校等の特別支援教育に関して，保護者や教員の個別の専門的・技術的な相談への応答や地域の小・中学校への巡回指導などの教育的支援を行うことを求めた。それは，特に小中学校等における発達障害児支援を中心に特別支援学校が地域における特別支援教育体制の中核となることを期待した。

　そして，特別支援学校の教員の専門性の向上は重複障害児への専門的支援やセンター的機能を実践上において担保するため，特別支援学校教員全てが特別支援学校教諭免許状を取得することを求めた。

　しかし，一方，現実には以上の教育政策はそれぞれの都道府県の実情においていくつかの問題を生じさせている。

（1）特別支援学校への統合と大規模校化

　盲・聾・養護学校を特別支援学校に再編化することは，学校間の機能的差異による区分を名目上撤廃し複数の障害種別に対応する柔軟な学校制度改革と謳われたが，それは一方で専門的な盲学校や聾学校を複数の障害種を扱う「併置校」に「一本化」（会沢，2010，73頁）することでもある。また，その再編化は「校名変更」を伴うことから，これまでの盲・聾学校の学校風土・文化（特に聾学校のデフ・コミュニティ（聾者社会））を消滅させることでもある。この点，特別支援学校への学校再編化は盲・聾・養護学校の「場当たり的な『統合

化』」（田口，2010，84頁）を助長させる問題性をもったと解することもできる。

　現在の特別支援学校の課題は何か。それは特別支援学校の大規模校化である。その背景には特別支援学校の在籍者数（特に知的障害児）の急激な増加がある。実際当該の児童生徒総数は2000（平成12）年から2018（平成30）年の間に1.6倍に増加している。一方，学校数は同期間に1.15倍と少なく，結果的に特別支援学校の教室不足が生じている。現状では，各地の特別支援学校はプレハブ教室の敷設や教室の分割さらに会議室や特別教室の転用などにより対応しているが，抜本的な改善である特別支援学校の新設は少ない。それは，また都道府県により大きく地域差があることから，地方の特別支援教育政策の課題と考えることができる。

　実際，全国的にみれば教室が不足している自治体は（2016（平成28）年10月1日時点で），石川県を除く46都道府県に及び，200教室以上の不足は6の都道府県（埼玉県，千葉県，東京都，神奈川県，静岡県，愛知県）に及ぶ。この背景には，各都道府県レベルの特別支援教育関連の地方財政措置の格差があるが，各都道府県教育委員会の特別支援教育政策のプライオリティー（優先意識）の高低がその格差を大きく生じさせているといえる。例えば，都道府県別の特別支援学校の児童生徒等一人当たりの教育経費は最上位の高知県と最下位の静岡県でおよそ2倍の格差がある。この格差は各都道府県の財政力（財政指数）と相関性はなく一般財源からの補助（持ち出し）などの地方財政措置によると言われている（柴垣，2019，6頁）。結果，国の特別支援教育政策は制度改正（弾力化）を内容とするが，その具現化は特別支援学校の設置義務者に委ねる制度化になっているため，特別支援教育政策は地方における実現（条件整備）の段階で自治体任せの「（地方）格差」という問題を生じさせているといえ，さらにその格差は近年の地方教育行政の総合行政化（篠原，2018，94〜98頁）により首長主導となりより拡大している。

（2）特別支援学校のセンター的機能と限界

　特別支援学校のセンター的機能は，小中学校等における特別支援教育の体制

整備のための外的支援であり小中学校等の関係者をエンパワメント（自立支援）させる先導的役割をもつが，特別支援学校自身の校内体制整備のための内的支援ではない。そのため，特別支援学校からみれば，それは他校を支援するための付加された業務と考えられる。実際，その業務は保護者からの相談対応や教員への指導助言・研修さらに通級指導教室支援や福祉・医療機関との連絡調整など広範に及び，相当に過重な業務となっている。

　それぞれの特別支援学校は，しかし，校内にセンター的活動を行うための校務分掌組織（「地域支援部」など）を設置し，センター的活動を担当する特別支援教育コーディネーターを加えて配置し，地域の相談ニーズを吸い上げる努力を行い，一定の成果を示している。しかし，一方，特別支援学校からみればセンター校的活動はいくつかの問題をもつことも事実である。例えば，文部科学省の調査（『平成27年度特別支援学校のセンター的機能の取組に関する状況調査について』2017年3月）では，センター的機能実施上の課題として「多様な障害に対応する教員を確保すること」や「地域の相談ニーズへ応えるための人材を確保すること」さらに「各小・中学校等への支援の内容や方法等のノウハウを確立すること」などがあげられている。これらは特別支援学校のセンター運営の努力の次元ではなく都道府県教育委員会の教育政策（条件整備）の次元の課題である。

（3）特別支援学校教員の専門性の向上と行政責任

　特別支援学校教員の専門性の向上は，特別支援学校に関する教育政策において最も重い課題と考えられる。その課題性は，しかし，資質能力の向上という研修のレベルではなく特別支援教育の条件（特別支援学校教諭免許状）をもつかもたないかという基礎資格のレベルの問題性をいう。現在（2021年3月），特別支援学校に勤務する教員で特別支援学校教諭免許状をもたない教員は15.1％に及ぶ。また，特別支援学級担任で特別支援学校教諭免許状をもたない教員は68.8％に及ぶ。

　この課題は，近年の特別支援教育の体制化の過程でも強く意識され，例えば

中央教育審議会は以下のように指摘し，大学や都道府県教育委員会による認定講習等の開設支援により免許状取得を推進してきた。

　「（特別支援教育の体制化により）これまで以上に特別支援学校の教員としての専門性が求められている。このため，教育職員免許法附則第16項の廃止も見据え，平成32年度までの間に，おおむね全ての特別支援学校の教員が免許状を所持することを目指し，国が必要な支援を行うことが適当である。」（中教審答申「これからの学校教育を担う教員の資質能力の向上について〜学び合い，高め合う教員育成コミュニティの構築に向けて〜」（2015年12月）54頁）

　しかし，現状では目標とされていた「平成32年度までの間」を過ぎても全所持の目標は達成されず，行き詰まりの状況にある。この背景には国と地方それぞれの長年の教育政策上の責任がある。国は長年にわたり法制上の「免許状相当規定」（教育職員免許法附則第16項「幼稚園，小学校，中学校又は高等学校の教諭の免許状を有する者は，当分の間，（略）特別支援学校の相当する各部の主幹教諭，指導教諭，教諭又は講師となることができる。）を放置し，特別支援学校の無免許教師の存在を黙認した。一方，採用権者である都道府県教育委員会等は長年にわたり無資格者の（新任）採用や配置を事実慣行として行ってきた。近年，さすがに文部科学省は全国の都道府県に採用・配置の見直しを通知したが，現状では特別支援学校への教員配置において専門免許状保持を条件づけていない都道府県はおよそ半数（44.7%）に及ぶ（資料1-4）。さらに，その保有率がほぼ100%に近い岩手県とおよそ60%の大阪府で40ポイントの格差があり，大きな地域格差が生じている。

　この点，校長等についても同様の傾向があり特別支援学校の学校経営の専門性は保障できないという現実的課題がある（平澤ほか，2019，236-245頁）。「特別な教育的ニーズの存在が特別支援学校の固有な学校経営を決める」（鈴木，2010，187頁）と考えたとき，特別支援学校の学校経営は例えばカリキュラムマネジメントに関して小中学校等に「準ずる教育（課程）」ではマネジメントできな

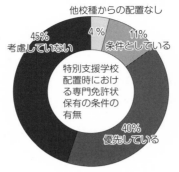

（出所）文部科学省「特別支援学校教員の専門性の向上等に
向けて」日本教育大学協会説明資料，2018年6月。

い専門性が求められる。学校種に配慮しない地方の慣習的な校長人事配置は特
別支援教育の領域において大きな教育政策上の問題性を示している。

　以上，特別支援教育政策における課題をみてきたが，それらは多くが中央の
制度設計の稚拙さと地方の体制整備の脆弱さの連鎖構造から生じている。結果，
インクルーシブ教育の理念は抽象化され，特別な教育ニーズへの条件整備は充
足できないままにある。

　その意味では，特別支援学校等におけるマネジメントはそれらの教育政策上
の課題の改善を含めて，負荷された経営実践を求められることになる。

注
⑴　ここでは外務省訳を掲載したが，文部科学省訳では General educational system
　を「教育制度一般」と訳しており，後述するがすでにこの時点で統合教育と分離教
　育の葛藤が生じている。なお，日本は条約承認後，1998年から2010年まで3回にわ
　たり国連から分離教育から統合教育への転換を求める批判的勧告を受けていた。
⑵　分離教育と統合教育の対立論争は過去の日本及び諸外国に存在する。過去の日本
　においては，養護学校の義務化において同じ左派の陣営内で主に運動論としてその
　賛否が論議されていた。また，日本と同様に「特別支援教育」体制を維持するイギ
　リスにおいてもすでに国際条約が制定される以前の90年代にインクルーシブ教育に

関する賛否が学術的に論議されている。いずれも障害児の教育機会における平等の解釈の対立があり，権利思想論と発達保障論の対立争論といえる。以下の文献が詳しい。

　　・古山萌衣（2011）「障害児教育政策の歴史的転換における特別支援学校の意義」『人間文化研究』16，名古屋市立大学大学院人間文化研究科。
　　・村上美奈子（2003）「障害児教育批判と養護学校の実際――養護学校のいまとこれからを問う」『研究室紀要』第29号，東京大学大学院教育学研究室。
　　・茂木信彦（1995）『新障害児教育入門』旬報社。
(3)　ここでのニーズの四類型は以下の文献を参考とした。
　　上野千鶴子・中西正司編（2008）『ニーズ中心の福祉社会へ――当事者主権の次世代福祉戦略』医学書院。
(4)　一方，障害児を受け入れる学級の児童生徒の保護者の意識も問題とされる。日本ではあまり取り上げられないが，諸外国では障害児の受け入れを拒否する親の実態が報告されている。イギリスでは，所得上位層の60％の保護者に拒否の意識が高く，アメリカでは保護者の学校選択意識の高い「公立民営学校」（チャータースクール）に関して一般の公立学校に比して障害児の在籍率が低い。障害児の二次障害を誘発する新しい排除（Exclusion）の現象といえる。
(5)　2018（平成30）年度より新たに高等学校においても通級指導が導入可能になった。この背景には，発達障害の高校生に対する特別支援教育の拡大がある。本来，高等学校は法律上特別支援学級の設置が可能であるにもかかわらず設置されなかった。そのため，発達障害の高校生に対する支援の課題があった。また，それは特別支援学校高等部への入学者の急激な増加への対応でもあった。
(6)　2021年9月に新たに「特別支援学校設置基準」が制定された。この設置基準の制定により，新設校のみならず現存校においても基準を下回らないことが求められ，施設の整備が期待されている。

引用・参考文献

会沢勲（2010）「特別支援教育における二つの課題――『今さら』とこれからの課題」『日本教育政策学会年報』17。
有松玲（2013）「障害児教育政策の現状と課題――特支教育の在り方に関する特別委員会審議の批判的検討」『CoreEthics』Vol. 9。
大関桂子・司城紀代美（2019）「インクルーシブ教育に関する教師の意識」『宇都宮大学教育学部教育実践紀要』6。
柴垣登（2019）「都道府県間における特別支援学校費の差異の要因についての考察」

　　『立命館人間科学研究』38。

篠原清昭（2018）「第6章　教育政策は民主的か」篠原清昭編著『教育の社会制度と
　　経営』ジダイ社。

鈴木文治（2010）「障害と特別な教育的ニーズの間――特支学級・学校の課題規模化
　　から障害者理解の問題点」『田園調布学園大学紀要』5。

田口康明（2010）「まとめに代えて――特別支援教育の課題」『日本教育政策学会年
　　報』17。

田中康雄（2020）「多様性としての発達障害への合理的配慮とは？」『発達障害研究』
　　日本発達障害学会，41(4)。

中西正司・上野千鶴子（2003）『当事者主権』岩波新書。

平澤紀子ほか（2019）「特別支援学校の学校経営と校長の特別支援学校の免許や経験
　　に関する全国悉皆調査」『発達障害研究』41(3)。

藤原里佐（2002）「障害児の母親役割に関する再考の視点」『社会福祉学』43(1)。

増田樹郎（2018）「障害者の「意思決定支援」の臨界をめぐる考察（Ⅰ）――臨床倫
　　理「4分割法」をとおして」『障害者教育・福祉学研究』14。

（篠原清昭）

第2章

特別支援学校校長の資質・能力

　　　特別支援学校は障害のある子ども一人一人の教育的ニーズに応じ，自
　　立や社会参加に必要な力を育む場であり，独自な条件がある。一方，そ
　　の専門性を支える免許状等の体制整備は不十分である。その中で，特別
　　支援学校校長には，従来の教育指導者や学校経営者としての校長像では
　　不足し，それらを融合強化した専門教育推進リーダーとしての資質・能
　　力が求められる。

1　校長に求められる資質・能力

（1）校長に求められる資質・能力とは

　学校は公教育の実施機関であり，公教育の理念や制度に基づき，社会の変化
に対応しながら，その時代に求められる教育を行う組織である。その組織の長
としての校長の責任や役割は大きい。それゆえに，どのような校長が求められ
るか，そうした校長に必要な資質・能力は何か[1]，それをどのように育成するか
が課題となる。

　ただし，求める校長像や必要な資質・能力，その育成方法については，校長
の法的な位置づけにより異なる。例えば，海外においては，校長は教育職とは
異なる学校経営専門職である。そこで，専門職基準としての資格要件（資質・
能力）があり，その資格取得（養成）により，採用，評価するものとなってい
る（篠原，2017，2‐4頁）。一方，わが国では，校長は校務をつかさどり，所属
職員を監督すると定められている（学校教育法第37条4項）。しかし，学校経営
専門職としての位置づけはなく，教育職の延長に登用試験があり校長職につく。

したがって，ここでの資質・能力とは校長の資格要件ではない。校長の職務権限と社会的ニーズにおいて求められる校長像であり，公的な育成対象ではない資質・能力が描かれることになる。

このような文脈において，わが国における校長像は，ながらく教育指導リーダー，いわゆる「教師の教師」としての校長であった（篠原，2017，4頁）。この場合，これまでの教職経験の延長において，校長の職務権限を遂行する。そこで，新たに必要となるのは規則管理であり，その育成方法は行政研修とOJTが中心であった。それに変化をもたらしたのが，地方への権限移譲に伴う教育改革である（中央教育審議会，1998）。ここでは，学校を地域の教育拠点と位置づけ，学校の裁量権が拡大された。そして，学校運営協議会や学校評価制度において成果説明の責任が課された。こうした中で，新たに学校経営リーダーとしての校長像が描かれるようになり，学校経営に必要な資質・能力が求められるようになった（大杉，2017，27-45頁；日本教育経営学会，2012，1-10頁）。とくに，企業経営の理論や方法を導入した学校マネジメントは，教職経験の中で習得されない資質・能力とされ，国や自治体は学校マネジメント研修を行うようになった（大野，2018，75頁）。

さらに今日，ベテラン教員の大量退職の中で，複雑化・高度化する教育課題に対応するために，教職生活全体を通じた教員の資質・能力の向上が求められるようになった（中央教育審議会，2015）。そして，2017年の教育公務員特例法改正において，教員だけでなく，新たに校長の資質・能力の向上が位置づけられ，自治体が教員育成指標（以下，育成指標）を作成して，育成すべきものとなった。わが国において初めて，公的な育成対象としての校長の資質・能力が規定されたことになる。

（2）校長の育成指標

公的な育成対象となった校長の資質・能力とはどのようなものか。わが国においては，国が「大臣指針」を示し，自治体がそれを参酌しつつ各地域の実情に応じて育成指標を作成し，それを踏まえて教員研修を策定するものとなって

いる（文部科学省，2017）。

　この大臣指針は，資質の向上を図るにあたり踏まえるべき基本的視点として，① 社会変化，② 近年の学校を取り巻く状況，③ 家庭・地域との連携・協働，④ 個々の教員等の成長，⑤ 学校組織の改善及び成長の5つを挙げている。また，指標に含める観点として，① 教職を担うに当たり必要となる要素，② 教育課程の編成，教育または保育の方法及び技術に関する事項，③ 学級経営，ガイダンス及びカウンセリングに関する事項，④ 幼児理解，児童理解，生徒理解及び生徒指導・キャリア教育に関する事項，⑤ 特別な配慮を必要とする幼児，児童及び生徒への指導に関する事項，⑥ 学校運営に関する事項，⑦ 他の教職員との連携及び協働に関する事項の7つを示している。

　この大臣指針を踏まえて，各自治体は教員のキャリアに応じた育成指標を作成する。ただし，校長については，個別の指標を策定することを検討することにとどまっており（岸田，2019，65頁），教員キャリアの最終ステージにおいて求める像や力点が描かれるものになっている。

　こうした課題はあるものの，国のスタンダードがない中で，公的に育成すべき目安であることに違いはない。そこで，育成指標に関する研究や助言を担う独立行政法人教職員支援機構は，各自治体が作成した育成指標のデータマイニングから，全国に共通する内容を分析した。その結果，① 信頼構築（危機管理，家庭・地域連携），② 人材育成（人材育成と評価，職場・職業倫理），③ 組織マネジメント（ビジョンと目標の具現化，教育課程と授業の改善）が抽出された。学校経営者としての校長像が確認されるとともに，地域づくりのリーダーとしての校長像が描かれている（露口，2019，50-62頁）。

　学校組織の特徴や校長の職務権限，近年の校長の資質・能力に関する全国調査（大杉，2017，10頁）も合わせてみよう（資料2‐1）。そこには，学校組織において，法的な職務権限を基礎としながら，チームとしての学校をマネジメントする，学校経営リーダーの姿が捉えられる。具体的には，教育政策を踏まえて，教育理念（ビジョン）を提示し，組織運営や人材育成を行い，家庭や地域と連携を図る資質・能力である。とくに，自治体の育成指標からは，現実対応

資料 2 - 1　校長に求められる資質・能力

学校組織の特徴	校長の職務権限	全国調査	育成指標
・教育理念を提示し実現する ・教員等の専門職から構成される ・法令を遵守して効率的に業務を執行する ・保護者や地域とのかかわりの中で活動を遂行する	四管理 ① 教育課程の管理 ② 施設の管理 ③ 人事の管理 ④ 事務の管理 二監督 ① 職務上の監督 　公的部分の監督 ② 身分上の監督 　私的部分の監督	① 教育政策実施力 ② ビジョン実現力 ③ 補佐職協働力 ④ 外部信頼力 ⑤ 協働的環境構築力	① 信頼構築 ・危機管理 ・家庭・地域連携 ② 人材育成 ・人材育成と評価 ・職場・職業倫理 ③ 組織マネジメント ・ビジョンと目標の具現化 ・教育課程と授業の改善

（出所）露口（2019，58頁），大杉（2017，10，29頁）を参考に筆者作成。

としての地域連携が重視されていることがわかる。

（3）特別支援学校校長の育成指標

　特別支援学校においても，求められる校長像や必要な資質・能力は同じであろうか。2019（平成31）年度において特別支援学校の育成指標を作成済みなのは，全国67自治体のうち61自治体であった（大杉，2019，204頁）。ただし，各自治体が校長の育成指標として重視している項目については，小中学校の分析は示されているが，特別支援学校の分析は示されていない（大杉，2019，166-182頁）。そこで，自治体の HP に公開されている特別支援学校の育成指標をみると，大枠は小中学校等と同じで，具体的内容を変えたものとなっている。その内容も，個別の教育支援計画等に関する記述はあるものの，特別支援学校に独自な内容は少ない。

　そもそも，校長の資質・能力に関する研究は小中学校等が中心であり，特別支援学校を対象とした検討は限られている。その中で，2012（平成24）年に国立特別支援教育総合研究所が特別支援学校校長を対象として学校マネジメントの状況に関する全国悉皆調査を行っている。特別支援学校校長の7割以上が目標とする学校マネジメントが「おおむね達成できている」と回答する一方，5

割程は特別支援学校に特有のマネジメントがあると回答している（大内，2013，24頁，56頁）。この特有のマネジメントに関して，坂本・一門・沖中・河津・平澤・松本（2013，348-351頁）は，小中学校等の研究では省略されている教育的力量に注目し，障害のある子どもの教育という観点を加えて，初めて特別支援学校の校長と副校長，教頭を対象として調査研究を行った。その結果，「障害を総合的に理解する力」や「子どもが主体的に取り組む学習活動」「個別の指導計画の開発等」の教育推進力が重視されていた。

　これらの知見を踏まえると，特別支援学校の校長像や資質・能力は小中学校等と同じとはいえない。したがって，特別支援学校校長に必要な資質・能力を明らかにし，育成指標として明示し，教員研修に結びつける必要があろう。その際に，小中学校等において省略されている教育的力量は，特別支援学校校長の場合は重要なウエートを占め，むしろ障害のある子どもの専門教育を土台とする経営的力量が必要ではないかと考えられる。

2　特別支援学校の教育

（1）障害のある子どもの教育

　今日，障害とは，世界保健機構（WHO）の国際生活機能分類（ICF: International Classification of Functioning, Disability and Health）に基づいた社会モデルから捉えられる（障害者福祉研究会，2002，16-18頁）。すなわち，障害は個人がもつものではなく，個人と社会の間に生じる「活動の制約や参加の制限」の状態を指す。そして，その制約や制限を改善するために，個人への教育・支援と社会の体制整備の双方の必要性を示す概念である（資料2-2）。

　教育における体制整備が特別支援教育である。特別支援教育とは，障害のある子どもの自立や社会参加に向けた主体的な取り組みを支援するという観点に立ち，一人一人の教育的ニーズを把握し，その持てる力を高め，生活や学習上の困難を改善または克服するために，適切な指導及び必要な支援を行うものであり，全ての学校で行うものである（文部科学省，2007）。

資料 2 - 2　障害とは

（出所）障害者福祉研究会（2002），国際生活
　　　機能分類（ICF）（16-18頁）を基に
　　　筆者作成。

　さらに，今日では，障害者の権利に関する条約に示されるインクルーシブ教育システムの理念を実現するために，障害のある子どもの教育を受ける権利を保障するための合理的配慮やそのための基礎的環境整備を公的義務とした上で，特別支援教育を推進しようとしている。それは，特別支援学校，特別支援学級，通級による指導，通常の学級を連続的な学びの場と位置づけ，地域の教育資源（スクールクラスター）で子どもの教育的ニーズに応じる仕組みを作るというものである（中央教育審議会，2012）。

（2）特別支援学校の独自な条件

　特別支援教育制度の一つが特別支援学校である。特別支援学校は障害のある子ども一人一人の教育的ニーズに応じ，自立や社会参加に必要な力を育むための指導や支援を行う場であり，学校教育法や学校教育法施行規則に位置づけられた独自な条件がある（資料 2 - 3）。

　まず，対象の障害は視覚障害，聴覚障害，知的障害，肢体不自由，病弱の 5 障害であり，特別支援学校に就学できる条件として就学基準[4]が示されている。

　このような障害のある子どもを対象とした教育の目的は，幼稚園，小学校，中学校，高等学校に準ずる教育を行うとともに，障害による学習上または生活上の困難を克服し自立を図るために必要な知識技能の教育を行うことである。

　そのために，都道府県は障害のある子どもの就学に必要な特別支援学校を設置しなければならい。広域を対象にするために，寄宿舎を設ける必要がある。

資料2-3　特別支援学校の独自な条件

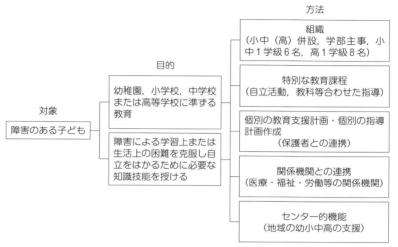

（出所）学校教育法，学校教育法施行規則を基に筆者作成。

　また，小学部及び中学部を置かなければならず（幼児部又は高等部を置くことができ，小学部，中学部を置かずに幼児部，高等部のみを置くこともできる），実際に，小学部と中学部，高等部のある学校が多い。各学部に主事を置くことができ，校長の監督を受け，部に関する校務をつかさどる。すなわち，校長は幼稚園，小学校，中学校，高等学校という4つの学校を経営することになり，複雑な組織運営が求められる。さらに，障害のある子ども一人一人の教育的ニーズに応じるために，学級編成は小学部と中学部は1学級6名，高等部は1学級8名となっている。それもチームの指導体制により教員間での連携も不可欠になる。

　教育課程は，基本的には小中学校等と同じであるが，障害に基づく様々な困難を補う特別の指導を行う領域として「自立活動」が設けられている。また，子どもの障害の状態に応じた弾力的な教育課程が編成できるようになっており，とくに知的障害を対象とする特別支援学校では，知的障害の特徴や学習上の特性等を踏まえて独自の教科及びその目標や内容が示されている。また，地域の

実情に照らし，特別の教育課程を編成することができる。教科書も，障害の状態に合わせて作成された教科書を用いることができる。このように，特別支援学校の教育は対象の障害特性に応じたオーダーメイドになる。

　大枠の教育課程に加えて，障害のある子ども一人一人の教育的ニーズに応じた指導や支援を計画する。とくに，障害のある子どもの場合，障害の発見からその後の療育，そして学校教育，卒業後という長期的視野での一貫した教育支援が不可欠となる。そのために，保護者はもちろん，医療，福祉，保健，労働等の諸機関との連携が必要になる。こうした連携を担保するために関係機関の支援内容を記載した「個別の教育支援計画」を作成したり，一人一人に応じた教育を実践するために「個別の指導計画」を作成したりすることが義務づけられている。この個別の教育支援計画や個別の指導計画に，保護者との合意により必要な配慮や支援を記載することが合理的配慮の提供となる。

　さらに，特別支援学校は，校内のみならず，地域の学校に在籍する障害のある子どもの教育に関する助言・支援を行うというセンター的機能を担う。これは，今日のインクルーシブ教育システムの観点からは，スクールクラスターの拠点と位置づけられる。

（3）特別支援学校が抱える葛藤

　特別支援学校の現状はどのようなものであろうか。資料2-4に，特別支援教育制度が開始された2007年と比較して，2020年の状況を示した。

　特別支援学校数は2020年時点で1149校である。在籍する幼児児童生徒数は14万5千名程で1.3倍に増加している。学校別では，知的障害を対象とする学校が全体の半数程を占め，次いで複数の障害を対象とする併置校が2割程で，これらは増加している。学部別では，小学部，中学部に比べて高等部段階が多くなっている。また，在籍する外国人数や長期欠席数も増加している。

　一方，幼児児童生徒数の増加に対応し，本務教員数も増えている。しかし，講師数は1.5倍に増加し，教員の特別支援学校教諭免許状（以下，免許）保有率も増加しているものの84.9％である。こうした中で，教員の病気休職率は

資料2-4　特別支援学校の状況

項　目	2007年	2020年	2007年比
学校数	1,013	1,149	↑1.1倍
・視覚障害	71	62	
・聴覚障害	102	85	
・知的障害	505	562	↑1.1倍
・肢体不自由	159	117	
・病弱・身体虚弱	78	58	
・複数併置	98	265	↑2.7倍
在籍数	108,173	144,823	↑1.3倍
・幼稚部	1,653	1,329	
・小学部	33,411	46,273	↑1.4倍
・中学部	24,874	30,649	↑1.2倍
・高等部	48,235	66,572	↑1.4倍
・外国人	595	1,112	↑1.9倍
・長期欠席	4,842	6,434	↑1.3倍
教員数	66,807	85,933	↑1.3倍
・講師数	6,411	9,871	↑1.5倍
・免許保有率	67.0%	84.9%	↑1.3倍

（出所）学校基本調査HPを基に筆者作成。

2019（平成31）年時点で，小中学校等全体が0.88％であるのに比べて，特別支援学校は1.08％と高い（文部科学省，2020）。また，学校の大規模化も指摘され，2016（平成28）年時点では，全国で3430教室が不足している（文部科学省，2019b，33頁）。

　このような状況において，特別支援学校は，小中学校等と同様に，新しい時代を生きる力の教育や働き方改革にも対応しなければならない。また，地域のセンター的機能も発揮しなければならない。すなわち，インクルーシブ教育システムや今日的課題に対応するための要請は大きい反面，体制整備が追いついてない。したがって，特別支援学校に特有な学校経営とは，このような独自な条件や課題を踏まえて，障害のある子どもの教育を推進することといえる。

3　特別支援学校の学校経営と校長の資質・能力

（1）特別支援学校の学校経営の状況

　体制整備が不十分な中で，特別支援学校の学校経営の状況はどのようなもの
であろうか。平澤・篠原・坂本・出口（2019, 236-245頁）は，全国の特別支援
学校校長を対象とした悉皆調査を行った。有効回答670名（回収率66％）の結
果において，免許を保有している校長は76％，特別支援学校の勤務経験がある
校長は82％であった。教員の免許の課題に加えて，校長自身が免許や経験のな
いままに，学校経営の重責を担う場合があるということである。

　その中でも，9割以上の校長が子どもの教育的ニーズに応じるための組織的
な工夫をしていた。最も多かったのは，「教職員の専門性向上のための研修推
進」と「校内支援体制の構築」であった。学校経営の成果については，「特色
ある学校経営」や「危機管理」が挙げられたが，そう回答したのは3年以上の
在職者が多かった。特別支援学校校長の一校当たりの平均在職年数は2.8年
（文部科学省, 2002）という数値に照らすと，一人の校長で成果を挙げることは
難しい状況にある。一方，学校経営の困難としては，「教職員指導や育成」や
「障害特性に応じた教育」が挙げられ，困難があると回答した校長は，免許を
保有しない場合に有意に多かった。このことから，特別支援学校校長は，障害
特性に応じた教育を推進するために，教職員の専門性向上や校内支援体制作り
に取り組んでいるものの，難しい状況が継続しており，とくに免許を保有しな
い場合に困難は大きい。

（2）学校経営と校長の資質・能力との関係

　このような学校経営の状況と校長の資質・能力との関係はどのようなもので
あろうか。特別支援学校管理職の専門性に関して信頼性と妥当性が検証された
尺度が開発されている（坂本ほか, 2013, 350頁）。それを用いて，校長に自己評
価してもらった（資料2-5）。

資料 2 - 5　特別支援学校校長の力量に関する自己評価結果

因　子	項　　　目	回答率%
教育推進力	① 障害のある子どもが主体的に取り組む学習活動を推進する力	60.2
	② 障害のある子どもが意欲的に取り組む個別の指導を推進する力	60.4
	③ 指導計画を工夫したり開発したりする力	55.0
	④ 障害のある子どもの心情や行動を総合的に理解する力	76.5
	⑤ 卒業後の進路を見据えた在学中の教育を推進する力	67.2
	⑥ 保護者，地域住民と望ましい関係を築く力	77.1
	⑦ 保護者を支援するための特別支援教育の幅広い知識と実践力	61.1
	⑧ 見通しをもち，教育計画を活動として具体化する力	60.1
	⑨ 情報活用能力などにかかわる情報リテラシー	41.2
	⑩ 教育計画や実践を的確に評価し，改善していく力	59.7
	⑪ 障害者支援に関する関係機関との連携を推進する力	66.4
学校経営力	⑫ 業務を推進するための人的，物的，財政的資源を組織化する力	58.2
	⑬ 自らの教育理念に基づき経営実践する力	70.4
	⑭ 学校の危機を管理する力	70.7
	⑮ 教育目標を具現化する観点から校務推進計画を策定する力	62.6
	⑯ 教職員の評価を適正に実施する力	69.6
	⑰ 時代の流れを踏まえ，自らの課題を明らかにする力	65.4
組織運営力	⑱ 教職員にやる気をおこさせ，協働することを促す力	67.5
	⑲ 円滑かつ有効に実践することを促す指導・助言の力	68.4
	⑳ 相談にのるなどして教職員を支えていくことができる力	85.4
組織管理力	㉑ 教職員間の人間関係を調整できる力	72.1
	㉒ 教職員のモラールや職務満足度を理解する力	67.3
	㉓ 教育委員会や教育関係団体との連携を推進する力	76.6

（注）回答率%は各項目の有効回答数に占める「とてもある」「少しある」の回答数の割合。
　　　太字：免許保有者が有意に高い項目。
（出所）平澤ほか（2019）を基に筆者作成。

　5件法（「ない」「あまりない」「少しある」「だいたいある」「とてもある」）による回答結果は，情報活用能力以外は「とてもある」「だいたいある」が6割以上であった。一方，校長の免許の有無から，自己評価結果をみると，経営的力量（組織管理，組織運営，学校経営）に違いはないが，教育推進力に有意な違いがみられた。教育推進力の中でも，障害の総合的な理解に基づいて，子どもが主体的に取り組む学習活動を推進し，それを保護者と共有し，関係機関と連携しながら，自立や社会参加に向けて教育成果を積み重ね，教育計画を評価改善するという項目（資料2-5の太字項目）において有意な違いがみられた。

この違いこそ，特別支援学校校長に独自な資質・能力である。

4　特別支援学校校長に求められる資質・能力

（1）専門教育推進リーダーとしての校長

　以上を踏まえると，特別支援学校校長には，従来の教育指導者や学校経営者としての校長像では不足する。それらを融合強化した専門教育推進リーダーとしての校長が求められる。具体的には，一人一人の教育的ニーズに応じた教育を保護者や地域と連携しながら，学校組織として推進する力量である。それも，専門性を支える免許等の体制整備が不十分という葛藤下において，専門性を確保しながら推進するという現実対応が重要になる。

　このような専門教育推進リーダーとしての資質・能力を育成指標に示してみよう（資料2-6）。まず，障害の総合的理解に基づき，自校の子どもや地域の状況を踏まえて，学校ビジョンや経営計画を作成し，推進する。そのために，学部や寄宿舎，そして他職種も交えた組織運営を推進する。そして，専門性を有する教員を活用し，免許を保有しない教員や講師への人材育成を行う。さらに，障害特性に応じた特別な教育課程編成をリードし，教職員が生きる力を育む授業を開発し，子ども主体の学習活動を推進できる体制を整備する。同時に，教職員が保護者とともに一人一人に必要な支援を個別の教育支援計画や指導計画に定め，関係機関と連携して教育成果を積み重ねる体制を整備する。

（2）専門教育推進リーダーの育成

　専門教育推進リーダーの責務は大きい一方で，その責務を支える体制整備は不十分である。例えば，全国調査（平澤ほか，2019，242-243頁）において，特別支援学校の免許を保有しない場合や経験がない場合，学校経営の困難に直面していた。その中で，多くの校長は着任前に特別支援教育の学習が必要と考えていたが，現状は OJT が中心であり，校長会での研修や交流から知識や情報を得ていた。明らかに，着任前の研修を充実させる必要がある。また，着任後の

資料2-6　特別支援学校校長に求められる資質・能力

項　目	資質・能力の内容
ビジョン・学校経営計画	・障害の総合的理解に基づいて，一人一人の教育的ニーズに応じる特別支援学校の教育を理解している。 ・子どもや地域の状況を踏まえ，保護者や関係者と連携した学校経営を推進することができる。 ・学校ビジョンの提示や目標実現に向けた計画を提示し，実施，評価，改善することができる。
組織運営・人材育成	・学部，寄宿舎，校務分掌の業務を円滑に遂行する体制を整備し，推進することができる。 ・他職種（スクールバス，介助員等）との連携体制を構築し，推進することができる。 ・専門性を有する教員を中心として，免許を保有しない教員や経験のない教員・講師の育成を推進することができる。
教育課程・授業改善・学習指導	・教職員が特別支援学校の学習指導要領を理解し，子どもの状況，地域の実情を踏まえた教育課程の編成，教科書選定，子どもが主体となる授業改善，学習指導ができるように校内体制を整備し，推進することができる。
生徒指導	・教職員が一人一人の教育的ニーズを理解し，個別の教育支援計画，個別の指導計画を作成，実行，評価できるように，校内体制を整備し，推進することができる。
危機管理	・障害特性から予測される事故等を想定し，未然防止や緊急対応の校内体制を整備し，推進することができる。 ・メンタルヘルスの体制を整備し，推進することができる。
家庭地域連携	・教職員が保護者との信頼構築を基に，個別の教育計画を作成，実施，評価，改善，引き継ぐ校内体制を整備し，推進することができる。 ・教職員が地域の理解啓発や，地域の資源を活用した教育活動や進路開発を行えるように，地域の学校，教育委員会，障害者団体，地域住民，保健福祉医療機関と連携体制を構築し，推進することができる。

（出所）岐阜県「教員のキャリアステージ」における資質の向上に関する指標「校長（管理職）の指標」の枠組みを参考に筆者作成。

　有効なサポートとして，校内の専門性を有する教員を活用したチーム体制の構築や校長会の交流，教育委員会や外部専門家の指導助言等が挙げられた。しかし，これらは個人の努力で得ているものである。着任後のサポートを地域体制として整備する必要がある。
　今日，各自治体は，育成指標に基づく教員研修計画を実施している。しかし，特別支援学校の独自性に応じた研修は少ない。本章で示した特別支援学校校長

の資質・能力を参考に，各自治体が特別支援学校校長の育成指標を補強し，育成のための教員研修やサポート体制が充実されることを願う。

注
(1) 校長の資質・能力：ここでの資質・能力とは知識やスキルを活用して現場におけるパフォーマンスとして発揮する力量（コンピテンシー）であり，その構造は校長の職務として求められる役割・機能と，個人の行動や思考等に関連する資質から構成される（大杉，2017，29頁）。
(2) 自立：障害者の権利に関する条約やその背景となる自立生活運動を踏まえると，自立とは他者の支援がない状態ではなく，必要な支援を受けながら生活を自ら管理し，選択し，決定するという，自律と共通項をもつ概念と捉えられる（川島，2010，399頁）。
(3) 教育的ニーズ：1994年ユネスコの「特別ニーズ教育世界会議」で採択されたサラマンカ宣言では，インクルージョンの原則として，全ての子どもに個別のニーズがあり，それに対応する必要性が示され，そのニーズの一つに障害が位置づけられている。わが国では，ニーズは障害と同義に使用されたり，学校や保護者の要望として使用されたりして曖昧であるが，いずれにしても支援の必要性を示す概念として使用することが重要である（徳永，2005，57頁）。
(4) 就学基準：就学基準とは，特別支援学校や特別支援学級の教育を受けるための障害や支援の程度を示したものである。2013年の学校教育法改正において，就学基準に当てはまる子どもは原則特別支援学校に就学することから，子どもの教育的ニーズや保護者の要望，学校の条件等を踏まえた総合的な決定に変更された。

引用・参考文献
大内進（2013）「特別支援学校における学校マネジメントと校長のリーダーシップの在り方に関する研究」『平成23年度〜24年度研究成果報告書』1-156頁，独立行政法人国立特別支援教育総合研究所。
大杉昭英（2017）「学校組織全体の総合力を高める教職員配置とマネジメントに関する調査研究報告書」『平成28年度プロジェクト研究（児童生徒の資質・能力を育成する教員等の養成，配置，研修に関する総合的研究）報告書』19-142頁，国立教育政策研究所。
大杉昭英（2019）「第4部資料編」独立行政法人教職員支援機構『育成指標の機能と活用——平成30年度育成協議会の設置と育成指標・研修計画の作成に関する調査

研究プロジェクト報告書』97-267頁。

大野裕己（2018）「学校におけるマネジメント」篠原清昭編著『教育の社会・制度と経営』ジダイ社，71-85頁。

学校基本調査 HP（2021年3月20日アクセス）。

川島聡（2010）「障害者権利条約と「既存の人権」」『発達障害研究』32(5)，394-405頁。

岸田正幸（2019）「校長の育成指標の機能と活用上の課題——インタビュー調査を中心に」『育成指標の機能と活用：平成30年度育成協議会の設置と育成指標・研修計画の作成に関する調査研究プロジェクト報告書』63-82頁，独立行政法人教職員支援機構。

岐阜県教員委員会（2021）「岐阜県「教員のキャリアステージ」における資質の向上に関する指標「校長（管理職）の指標」岐阜県教育委員会 HP（2021年3月20日アクセス）。

坂本裕・一門恵子・沖中紀男・河津巌・平澤紀子・松本和久（2013）「特別支援学校管理職専門性（コンセプチュアル）尺度の作成と妥当性・信頼性の検討」『発達障害研究』35(4)，348-351頁。

篠原清昭（2017）「日本の学校管理職養成の課題」篠原清昭編著『世界の学校管理職養成：校長を養成する方法』ジダイ社，1-8頁。

障害者福祉研究会（2002）「生活機能と障害モデル」『ICF 国際生活機能分類——国際障害分類改定版』中央法規，16-18頁。

中央教育審議会（2012）「共生社会の形成に向けたインクルーシブ教育システム構築のための特別支援教育の推進（報告）」（2021年3月20日アクセス）。

中央教育審議会（2015）「これからの学校教育を担う教員の資質能力の向上について〜学び合い，高め合う教員育成コミュニティの構築に向けて〜（答申）」（2021年3月20日アクセス）。

中央教育審議会（1998）「今後の地方教育行政の在り方について（答申）」（2021年3月20日アクセス）。

露口健司（2019）「テキストマイニングによる校長の育成指標の類型化と特長」『育成指標の機能と活用：平成30年度育成協議会の設置と育成指標・研修計画の作成に関する調査研究プロジェクト報告書』50-62頁，独立行政法人教職員支援機構。

徳永豊（2005）「「特別な教育的ニーズ」の概念と特殊教育の展開——英国における概念の変遷と我が国における意義について」『国立特殊教育総合研究所紀要』32，57-67頁。

日本教育経営学会（2012）「校長の専門職基準2009（一部修正版）——求められる校

長像とその力量」（2020年 2 月 1 日アクセス）。

平澤紀子・篠原清昭・坂本裕・出口和宏（2019）「特別支援学校の学校経営と校長の特別支援学校の免許や経験に関する全国悉皆調査」『発達障害研究』41 (3)，236-245頁。

文部科学省（2002）「平成23年度公立学校教職員の人事行政状況調査について：校長の 1 校当たり平均在職年数」（2021年 3 月20日アクセス）。

文部科学省（2007）「特別支援教育の推進について（通知）」19文科初第125号。

文部科学省（2017）「公立の小学校等の校長及び教員としての資質の向上に関する指標の策定に関する指針」平成29年 3 月31日文部科学省告示第55号（2020年 2 月 1 日アクセス）。

文部科学省（2018）「特別支援学校幼稚部教育要領・特別支援学校小学部・中学部学習指導要領」海文堂出版。

文部科学省（2019a）「特別支援学校高等部学習指導要領」海文堂出版。

文部科学省（2019b）「日本の特別支援教育の状況について」『新しい時代の特別支援教育の在り方に関する有識者会議』資料 3 - 1 （2021年 3 月20日アクセス）。

文部科学省（2020）「令和元年度公立学校教職員の人事行政状況調査について：病気休職者の学校種別・年代別・性別・職種別状況（教職員）」（2021年 3 月20日アクセス）。

（平澤紀子）

第3章

特別支援学校の学校経営ビジョン

　　学校経営ビジョンとは，単純には4，5年後の学校の理想像の達成を
目指した学校経営の見通しをいう。しかし，特別支援学校の場合，障害
のある児童生徒等を対象とするため，その内容と方法は小中学校等と大
きく異なる。本章では，特別支援学校の学校経営ビジョンについて，そ
の特性（使命，責任，価値，対象，規模，教育課程，教育方法など）を
踏まえて検討する。

1　学校経営ビジョンの一般的定義

（1）学校経営とは

　「経営」とは一般に事業計画に基づいて進めていくことと言われる。一方，
「運営」とは組織の機能を最大限に発揮できるようにまとめていくことと言わ
れる。ここでは，「学校経営」を「経営」と「運営」の二つの視点でとらえて
検討する。

　『特別支援学校学習指導要領解説　総則編　幼稚部・小学部・中学部（平成
30年3月）』（以下本文では総則編と略す）には，この「学校経営」という文言
が一か所だけ「学校経営方針」として使用されているとともに，他では「校長
の方針の下に」という表現がなされている。

　さらに，「総則編」（第2章第3節　教育課程の編成）では，学校の教育目標
と教育課程の編成について「法律等に規定された目的や目標に基づき，各学校
においては，児童生徒の実態や学校が置かれている各種の条件を分析して検討
した上でそれぞれの学校の教育課題を正しく捉え，各学校が当面する教育課題

の解決を目指し，両者を統一的に把握して設定することが重要となる。」と記されている。つまり，学校経営とは学校教育法（第72条）や「総則編」（教育目標等）に示された目的や目標の達成を目指すとともに，当面する教育課題の解決を目指すことであると考えられる。さらに「総則編」（204頁）には「社会に開かれた教育課程」の理念に基づき，学校経営方針やグランドデザイン等の策定や公表が効果的に行われていくことが求められるとされている。また，「総則編」（292頁）には教育課程の改善と学校評価等，教育課程外の活動との連携等において，カリキュラム・マネジメントを「校長の方針の下に」全教職員の適切な役割分担と連携に基づき行うとともに，学校評価と関連づけて行うこととしており，学校組織の機能が最大限に発揮され，教育活動がうまくいっているかどうかについて評価をするという学校運営の考え方が示されている。つまり，学校経営とはそれらを含めた上位概念であり，「校長＝学校経営を行う者」の方針の下に行われるものと考えられる。

　この場合，校長にとっての学校経営とは，「学校教育の目標の実現を目指し，責任者としての校長を中心として，組織的な教育活動を展開し，児童生徒をより善くするための統括的，総合的な営み」と規定される。校長の役割は，①長期展望を基にした理念を持ち，②学校経営の方針を明確にし，③学校・家庭・地域社会との連携を考慮することとなる（下村監修，2001，165-167頁）。また，一方，広い意味の学校経営は「教育機関として，教育目標とそれを達成するためのビジョンと戦略を設定し，その実現のための経営資源（ヒト，モノ，カネ，情報）を調達して，それぞれが持つ機能を活かしながら，組織を通して目標を達成しようとする計画的で継続的な行為であり…（中略）…目標を定め，組織目標の達成に向けて個別の活動を方向づけ，組織をつくり目標を達成する活動」（小島，2002，1-8頁）と考えられる。

　さらに，2000年の教育改革国民会議以降，「これからの学校の成否には『経営（management）』という視野をどのように組み込み，構想していくかが鍵になるとの認識が高まって…（中略）…『教える』という『子ども』を相手にしたものから，『マネジメント』という『大人』を相手にした専門性」が必要に

なってきたと言われる（末松，2018，24-27頁）。

　以上より，学校経営とは，学校の教育目的（教育目標）を達成するため，経営資源（ヒト，モノ，カネ，情報等）を調達して，計画を立てて継続的に取り組むもので，校長が行うものととらえられる。

（2）学校経営ビジョンとは

　「ビジョン」とは，将来のある時点で組織としてどのような発展を遂げていたかあるいは成長していたいかなどの構想や未来像をいう。学校経営にあてはめれば学校経営ビジョンとは，その学校の何年か先の時点での構想，未来像，見通しと考えられる。

　このとき，学校経営ビジョンにおいては，校長の経営ビジョンが重要である。校長の考える学校の将来像や理想像を校長のビジョン，あるいは学校経営のビジョンということができる（加藤，2003，80-81頁）。学校経営のビジョンを描くにあたっては，子どもの姿，教育政策の動き，教育世論の動向，学校の歴史と将来の展望，などに関する情報を収集し，それを読み取っていく必要がある。また，それぞれの地域における固有の課題を踏まえ，地域社会の発展に寄与する特色ある活動の提示，目指す子ども像の探求といった側面，すなわち学校の役割や社会的な使命，学校が目指そうとする方向性の探求が学校経営のビジョン構築にあたって欠かせない（天笠，2006，90-91頁）。また，学校ビジョンとは学校のミッション（使命）の実現に向けて，中期（3〜5年）の視点から，具体的な目標や取り組むべき事項を明確にしたものであり，数年先まで見通した「学校マニフェスト」であり，学校の「未来像」でなくてはならない（中村，2018，54-60頁）。つまり，学校ビジョンとは，「校長＝学校経営を行う者」の示すその学校の未来像ととらえられ，「数年後の望ましい自校の姿」であり，各学校における「中核的目標（ミッション）」とその達成に向けた具体的方策が学校の有する資源との関係を含めて整合的に明示された一連の「計画」を意味するもので（大野，2012，27-28頁），学校経営ビジョンとほぼ同じ意味と考えられる。

資料 3 - 1　学校経営の MVP（Mission Vision Plan）

社会（保護者）から期待される使命　　Mission　　存在価値
　　　　　　　　　　　　　　　　　　　　　　　社会的使命

目指す学校像，目指す子ども像，　　Vision　　理想像
目指す教師像

学校経営計画　　Plan　　計画

（出所）笠井（2012，64頁）を参考に筆者作成。

　実際に，学校経営のビジョンの作成に関して，ミッション（使命）とプラン（計画）との関係性で考えてみよう（資料 3 - 1）。

　学校経営ビジョンの作成に当たっては次の 5 つの内容が重要となる。

①　わが校のミッション（児童生徒に関するもの，地域等に関するもの）：児童生徒の成長した姿を示した教育目標の実現など

②　緊要な学校課題（教育課題，経営課題）：目の前の児童生徒に対する教育課題とそれを支える経営課題，そして地域等のニーズに対する経営課題など

③　中期の具体的目標（目指す学校像，目指す子ども像，目指す教職員像）：目標が達成されたゴールの姿を設定すること

④　中期の具体的取組（教育活動の重点取組み，経営活動の重点取組み）：「中期の具体的目標」を実現するために，学校が取り組むべき事柄

⑤　評価（評価指標，評価基準）：学校ビジョンの中間検証の時期を決めておくとともに，目標の達成状況を把握するための「成果指標」と取り組みの状況を把握するための「取組指標」を適切に設定しておくこと

（笠井，2012，63-80頁）

　ここで重要なことは，学校経営ビジョンの作成にあたっては何年か先の時点での未来像または望ましい将来像をイメージすることと，その実現において経営資源（ヒト，モノ，カネ，情報等）に基づく計画を構想することと言える。

2　特別支援学校の学校経営ビジョン

　さて，特別支援学校に固有な学校経営ビジョンとは何であろうか。ここでは，特別支援学校の特性・固有性・困難性に応じた特別支援学校に固有な学校経営ビジョンについて考察する。

（1）特別支援学校の特性・固有性・困難性
1）部があること
　特別支援学校には小学部及び中学部ほかに幼稚部又は高等部が置かれ（学校教育法第76条），各部に主事が置かれている（同法第125条）。実際には最大で4つの部（幼稚部，小学部，中学部，高等部）が設置される特別支援学校があり4人の部主事が置かれる。この場合，特別支援学校は小中学校等と比較して小学校から高等学校の四種の学校種別・異年齢の児童生徒等と大規模（児童生徒数・教職員数）校としての学校特性をもつ。

2）一つの特別支援学校で複数の障害種別を対象とする（総合化）
　2017（平成19）年4月1日より，学校教育法の改正により（文部科学事務次官通知「特別支援教育の推進のための学校教育法等の一部改正について」平成18年7月）児童生徒等の個々のニーズに柔軟に対応し，適切な指導及び支援を行う観点から，複数の障害種別に対応した教育を実施することができる特別支援学校の制度が創設された（資料3-2）。
　この改正により，令和元年度の学校基本調査では，全国の単一の障害種対象校が887校に対し，複数の障害種対象校が259校（22.6％）となった。例えば，岐阜県では単一の障害種対象校が10校に対し，複数の障害種対象校が13校

資料3-2　76通りの教育課程

部＼障害	視覚障害	聴覚障害	知的障害	肢体不自由	病　弱
幼稚部					
小学部					
中学部					
高等部					

①準ずる	③知的障害	特別支援学校
②下学年適応	④重複障害	複数の障害種
④重複障害	⑤訪問教育	（知・肢・病）
⑤訪問教育		への対応例

（出所）筆者作成。

（56.5％）となっており，総合化された特別支援学校は，全国平均の2倍以上高いという割合である。各学校の中において，各障害種別における教育課程等について，指導力等専門性が問われている。

3）教育課程の多さ

　特別支援学校では一人一人に応じたきめ細かい教育を行うため，一般的に5つの教育課程がある。以下その特性をみてみる。

① 幼稚園，小中学校，高等学校に準ずる教育課程

　学校教育法第72条の「幼稚園，小学校，中学校又は高等学校に準ずる教育」[1]に規定される「準ずる教育」とは「同様あるいは同じ」という意味の教育課程である。したがって，大学入試を受ける生徒が在籍する場合，高等部では高等学校と同様の教育課程によって教育を行う。ただし，自立活動[2]という独自の領域を扱う必要がある。

② 下学年適応に対応した教育課程

　おおよそ3学年前までの学習内容を包括・中心とする教育課程である。基本は準ずる教育課程によるので，そのまま学年を戻す考え方である。障害により学習空白等があり，当該学年まで履修できていないような場合の教育課程であ

る。

③ 知的障害に対応した教育課程

　特別支援学校小学部・中学部学習指導要領では，第2章各教科の第1款には視覚障害者，聴覚障害者，肢体不自由者又は病弱者である児童（生徒）に対する教育を行う特別支援学校，第2款には知的障害者である児童（生徒）に対する教育を行う特別支援学校というように，各教科の目標及び内容等を分けている。後者の知的障害である児童（生徒）に対する各教科の目標及び内容について教育を行うのがこの教育課程である。

④ 重複障害に対応した教育課程

　重複障害とは，公立高等学校の適正配置及び教職員定数の標準等に関する法律第14条に，「学級編成の標準として，重複障害生徒を文部科学大臣が定める障害を二以上併せ有する生徒をいう」とし，特別支援学校小学部・中学部学習指導要領第1章総則第5節1(6)では，重複障害者を「複数の種類の障害を併せ有する児童又は生徒」というとしている。

　例えば，知的障害と肢体不自由を併せ有する児童生徒に対する教育課程である。さらに，特別支援学校小学部・中学部学習指導要領第1章総則第8節4では，「障害の状態により特に必要がある場合は，各教科，道徳等の目標及び内容に関する……に替えて，自立活動を主として指導を行うことができるものとする」という特別な取扱いもある。

⑤ 訪問教育に対応した教育課程

　訪問教育とは，学校教育法施行規則第131条に，教員を派遣して教育を行う場合としている。また，特別支援学校学習指導要領解説総則編第2章4節訪問教育の場合に，障害のため通学して教育を受けることが困難な児童又は生徒に対して教員を派遣して教育を行う場合については，個々の実態に応じた指導を行うため，弾力的な教育課程を編成することが必要とされる特別の教育課程とされる。

　これらを1），2）とまとめると，最大4つの部に4つの教育課程がそれぞれ存在する（知的障害については3つの教育課程となる）。さらに5つの障害

種別を考慮すると，およそ76通りの教育課程が存在することになる（資料3-
2）。教員の専門性から言えば，理論的には障害種別，学部別，教育課程別に
各々専門性が必要であると考えられる。

4）授業の複数担任制，教職員の多さ
　複数担任制にして，一人一人にできるだけ対応できる体制にしている。岐阜
県の場合，学校基本調査（令和元年度）では，約2.2人（1,594人教諭＋講師／
726学級　23校の幼小中高全学級で割った）となっている。また，教職員の多
さについては，教諭と講師を合わせた数もさることながら，寄宿舎指導員，看
護講師等の職種もあり，高等学校より特別支援学校の方が教職員数の多い場合
がある（資料3-3）。
　これは公立義務教育諸学校の学級編成及び教職員定数の標準等に関する法律
第3条より，特別支援学校の小学部1学級の児童の数の基準は，例えば通常学
級の1学級あたり児童6人，重複障害学級の1学級児童3人を標準とするとさ
れているからである。1学級40人を基本とする高等学校に比べるとやはり教職
員は多くなる。

5）個別の教育支援計画，個別の指導計画の運用
　個別の教育支援計画については，特別支援学校小学部・中学部学習指導要領
第1章総則第5節の1の(5)に，「家庭及び地域並びに医療，福祉，保健，労働
等の業務を行う関係機関との連携を図り，長期的な視点で児童又は生徒への教

資料3-3　多くの教職員数（教諭と講師数）

（単位：人）

教職員数の多い順	県立特別支援学校		県立高等学校	
	教職員数	児童生徒数	教職員数	生徒数
1	144	264	103	1,061
2	133	235	96	1,147
3	127	210	89	1,020

（出所）一般財団法人岐阜県校長会館（2020）をもとに筆者作成。

育的支援を行うために」, 作成することとしている。また, 個別の指導計画について
は, 同じく第1章総則第3節の3の(3)のイに,「各教科等の指導に当たっては, 個々の児童又は生徒の実態を的確に把握し, 次の事項に配慮しながら個別の指導計画を作成すること」としている。

　児童生徒全員にこの二つの計画を本人, 保護者とともに作成する必要があるとともに, 本人, 保護者のニーズ及び合理的配慮を記録するが, それらは本人, 保護者と合意形成がなされていなくては意味がない。教員側の指導だけではうまくいかない。これらをチェックするのは特別支援教育コーディネーターや学校内の組織（地域支援部長等）である。部主事も関わっているが, 高い専門性が必要である。保護者との連携, 協働も必要で対応が難しい場合がある。

6）保護者との関係

　保護者との関係は, 特別支援学校の場合, 非常に緊密で, 時には支援も必要である。保護者はわが子の就学や進学に当たって, 特別支援学校を選択してきている。

　障害の告知によって一旦は悲嘆にくれた保護者も, 様々な教育機関や医療機関を利用して, 障害をなんとか克服したいと励むが, その困難さに直面しながら, 障害受容に至る長い道のりを辿ることになる。担任は充分にその専門性を高めて, そのような保護者の期待に応える支援の実践ができねばならない。保護者とともに子どもの成長を支え, 子どもの安定した将来像を確保するよう目指したい。また, 保護者に対して本人への支援に試行錯誤しながら頑張ってきた先輩として敬意を払いたい。子どもたちのより良い自立には, 担任と保護者が協働支援者になることが求められる（一門, 2020, 138-141頁）。

　このような保護者のとらえ方を常に頭において, 個別の教育支援計画や個別の指導計画を作成する必要がある。

7）複雑な校内組織

　特別支援学校には最大4つの部があり, それぞれ部内に校務分掌（例えば教

務部，生徒指導部，保健体育部等）の担当者が割り振られる。例えば，肢体不自由部門の小学部1年通常学級の担任と，校務分掌上の教務部所属である。また，特別支援学校には小中学校等で言う運営委員会または企画委員会の上に主事会（校長，教頭，部主事，事務長，教務主任等）という会議が月1回程度あり，学校全体，各部及び各校務分掌の問題，課題について話し合う。管理職等が意見交換をする重要な会議である。さらに特別支援学校には，特別支援教育コーディネーターの役割を中心に果たす地域支援部や防災部を設置していることが特徴的である。前述したように教員が多いこともあるので，校内組織は比較的大きく，複雑である。

8）人事管理

　特別支援学校の場合，教育職員免許法（第3条3項）により，特別支援学校の教員については，第1項の規定（「教育職員は，この法律により授与する各相当の免許状を有する者でなければならない。」）にかかわらず，特別支援学校の教員の免許状のほか，特別支援学校の各部に相当する学校の教員の免許状を有する者でなければならないという縛りがかかっている。一方で，教育職員免許法附則（第16項）により，教育職員免許法第3条の規定にかかわらず，幼・小・中・高の教諭免許状を有する者は，「当分の間」特別支援学校の相当する部の教諭等となることができるとされている。

　つまり，部に相当する学校の教員免許状を持っていれば，当分の間，特別支援学校の免許を持っていなくても教諭等になることができるわけである。このことは教員の専門性と大きく関わっているとともに，学校内の学部を超えた異動の際のネックにもなる。

（2）特別支援学校の学校経営ビジョンの改善方法

　特別支援学校の特性・固有性・困難性をふまえて，学校の未来像または望ましい将来像を描くとなると，これらの特性や固有性を管理職が十分理解して，全ては無理でも，少しずつあるいは重点的に困難性を改善していく必要がある。

1）教職員の専門性向上

　校長は，教頭の下にある最大4つの部の4人の部主事の監督をし，管理及び部が円滑にまとまるように指導をしなければならない。部主事は小学部であれば小学校から，高等部であれば高等学校から異動してくる場合もある（岐阜県立特別支援学校の場合，令和2年度は全部主事57人中他校種からの異動者は27人で，47.4％である。特に高等部への高等学校からの異動が多い）。その場合，特別支援学校教員の経験者は少ない。教諭を充てるとしているので，小中学校等で言えば，教頭と主幹教諭との中間と言える。ここで課題なのは，前述したように，部主事が特別支援学校の特性や固有性等をどこまで理解しているかである。もっと言えば，特別支援教育の目的や特別支援学校の特性（総合性，教育課程の多さ，複数担任制，教員の多さ，個別の指導計画，保護者との関係，複雑な校内組織及び人事管理等）を理解し，対応しようとしているかということである。

　つまり，教職員の専門性向上の第一の課題は，部に関する校務をつかさどる部主事の専門性を向上させることである。もちろん，このような状況の特別支援学校へ異動してきた新任の部主事も不安と期待が入り混じっている。それを和らげるためにも，新任の部主事に特別支援学校の情報等をOJT及び研修等により指導助言することから始めなければならない。

　次に，一般の教諭の専門性向上については，実際は各部に相当する学校の教員の保有免許状によって所属する部が一応決められているが，改めて自分の所属する特別支援学校の障害種別や部の教育課程，教育内容を学習する必要がある。専門性とは，76通りの障害に応じた教育課程に当てはまる児童生徒等の実態やニーズを理解でき，それぞれに対して適切な指導ができ，児童生徒等を成長させ，それを説明できる教員としての資質能力である。加えて，個別の教育支援計画や個別の指導計画の作成，実行，評価ができ，保護者との協働がうまくできる資質能力である。言い方を替えれば，特別支援学校の特性や固有性を十分理解でき，困難性に自分から意欲をもって立ち向かって，改善できる教員である。管理職はそういう教員を育てなければならない。

2）保護者との協働性強化

　担任は，特別支援学校を選択して就学，進学させた保護者の複雑な気持ちに，まず寄り添うことが大切である。障害の種類や程度は様々で，多様化している。生命に危険のある重度の重複障害のある子どもから，一般就労できる軽度の障害のある子ども，さらに年齢は3歳から18歳等まで幅広く一つの特別支援学校に在籍している場合がある。保護者の気持ちも子どもの発達や年齢に合わせて様々で，かつ抱える問題も様々である。保護者の気持ちに寄り添いながら信頼関係を築き，今の保護者の抱える問題を解きほぐす必要がある。解決までは困難なので，保護者を勇気づけたり，時には指導したりしながら，子どもの成長や将来像を一緒に考えていく。そして，この特別支援学校に子どもを入学させてよかったと保護者に思ってもらえるよう，保護者の期待やニーズに応えていく必要がある。このような信頼関係を築きながら，個別の教育支援計画や個別の指導計画を子ども本人，保護者と協働して作成する。今，なぜこの指導が必要なのか，指導内容と方法，指導後の評価，今後に向けての説明等が必要である。また，障害に応じた一人一人の合理的配慮とその合意形成の確認も必要である。

　このように，保護者と協働して，保護者も巻き込みながら子どもを成長させるという姿勢が特に大切である。管理職としては，担任と保護者との信頼関係や協働がうまくいっているかを常に観察する必要があり，それが部主事の大きな仕事である。何らかの問題がある場合はすぐに介入し，関係を改善させる。それも難しいなら教頭，校長が介入する。その意味では，部主事も部内の保護者との信頼関係をあらゆる場面で築くことが重要であり，部内の担任等にも信頼されなければならない。

3）組織の円滑化

　児童生徒等を教育する枠組みとして最大4つの部があり，それぞれ部主事が校長の監督を受けて統括している。部内での突発的な危機への対応や前述したような保護者との関係等担任のトラブルについては，全ての事案を部主事にま

ず相談する。部主事は事案によって，教頭にすぐ相談するとともに，校務分掌
の担当部長（他学部の場合もある）にも相談する。それでも解決しなければ校
長に判断を仰ぐことになるが，校長に相談するかどうかの判断が難しいのが現
実である。校長としては，将来，複雑になりそうな事案はできるだけ早く相談
してほしいが，そこは部主事や教頭の専門性や力量にかかっている。一方，校
務分掌の担当部長が中心に行う，教務部や地域支援部の就学や入学，卒業関係，
体育健康部の体育大会，研修部の全校研究会等では各部間の調整が複雑である。
4つの学校が集まっているような状況で，全校体制で実施するかどうかのすり
合わせや考え方の調整等には時間もかかる。一つの特別支援学校としてそれら
を効率化し，円滑に実施できるようにする必要がある。

4）人事管理の改善

　学校経営ビジョンで経営資源としてのヒトの調達，つまり人事権については
教育委員会が管轄しており，校長としては教員の人事異動に関する人事面談を
もとに，校長が考える人材育成等による異動の有無の意向を教育委員会に具申
するのみである。筆者の経験では，異動させる理由が明確であれば，異動は教
育委員会に比較的認められるが，キャリアのある教員に経験を積ませるために
異動させた代わりに，同等のキャリアのある教員を迎え入れることは困難な場
合がある。また，学校内の学部を超えた異動も人材育成では極めて重要である
が，各部に相当する学校の教員免許状を有していない教員，例えば小学校の教
員免許状のみを有しているという教員も少なくない。したがって，そういう教
員は学部を異動させられず，長く勤務すれば学校を異動させるしかない。

　ビジョンを作成するうえで大きな，有能ないいヒトの調達はなかなか困難で
ある。岐阜県立特別支援学校1校当たりの校長在籍年数（平成28年度から5年
間における特別支援学校の2年以上の校長在籍年数の場合，2年間64.3％，3
年間28.6％，最大4年間7.1％）を考えれば，せめてビジョンは3年間を目指
して，1年目は人事観察，様々な課題解決によるいわゆる「地ならし」，ビジ
ョン開示後，2年目に新人事でビジョン浸透化，3年目に評価をしてビジョン

改訂になると考えられる。そうなると，他校からのヒトの戦力の補充を考える
より，前年度より引き継いだ現在のヒトを中心として，人材育成上の適材適所
をもう一度考えること，教職員全体の底上げよりも，中心となるヒトをよりよ
く促成・育成し，学校経営全体をそのヒトたちに分散して指導させる方が効率
的であると考えられる。

　なお，モノやカネの調達は事務長（行政系）等の能力と手腕である。教員系
の校長からすれば異業種ではあるが，学校という組織のモノやカネをつかさど
る責任者であり，かつ管理職の場合もあるので，日ごろから特別支援学校につ
いての固有の情報等を理解したうえで協力してもらうことが極めて重要である。

3　特別支援学校の学校経営ビジョンのモデル

（1）総合化された特別支援学校の学校経営ビジョンのモデル

　以下に，筆者が考案したモデルを示す。

　わが校のミッション（存在価値・社会的使命）において，特別支援学校の特
徴的なものは，保護者からの様々なニーズの実現であり，保護者と協働しなが
ら児童生徒等の成長を促すという点である。保護者の全てのニーズに応えるこ
とが必ずしも子どもの成長につながるとは限らないが，子どもの「障害受容」
なども含め，保護者に寄り添い，勇気づけ，支援することで学校に安心感をも
ってもらい，信頼されることが極めて重要である。保護者を育てながら，子ど
もを育てるところにこそ特別支援学校の存在価値があると言っていいと考える。

　また，中期（3年間程度）の具体的目標として，まず目指す学校像では，こ
の地域にとってかけがえのない学校となることを挙げた。具体的には，特別支
援学校が地域の特別支援教育のセンター，つまり特別支援教育の中心となり，
特別支援教育に関するあらゆる相談・情報提供，地域の幼稚園，小中学校，高
等学校等への支援及び関係機関との連携強化等を積極的に行うことを目標とす
る（河合，2020，31-33頁）。

　次に目指す児童生徒像では，一人一人が自立し，社会参加することのできる

資料3-4　特別支援学校の学校経営ビジョンモデル（例）

わが校のミッション（存在価値・社会的使命）
1　児童生徒に対するミッション：教育目標の実現 　・一人一人の障害の種類や程度に応じたきめ細かな教育を行い，将来の社会的自立を目指した成長を促す 2　保護者及び地域に対するミッション：様々なニーズの実現 　・保護者と協働しながら児童生徒の成長を促し，安心安全に過ごせる学校にするとともに，地域と協働しながら特別支援教育のセンター的役割を果たす 3　教職員に対するミッション：働きたい，働きやすい職場の実現 　・教職員の各障害に対する専門性や教育の質を高め，特別支援教育を推進する意欲をもつ集団にするとともに，働き方改革を実行する

緊要な学校課題				
教育課題	◎　新設校としての教育の定着 　・新しい環境の下での授業の確立 　・安心安全な学校生活の確立 　・教職員の専門性の向上	経営課題	◎　新設校としての学校の定着 　・組織（校務分掌）の確立と円滑化 　・人事管理上の課題解決 　・地域との協働性の確立

中期（3年間程度）の具体的目標	
目指す学校像	◎　この地域にとってかけがえのない学校となること 　・地域の特別支援教育のセンターとなり，地域からの相談やニーズに応えることのできる学校 　・地域と共に生き生きと活動できる学校
目指す 児童生徒像	◎　一人一人が，自立し，社会参加することのできる児童生徒となること 　・各学部において，毎日元気に，楽しく，安心して学習ができ，成長できる児童生徒 　・人とのかかわりを大切にして，確かな学力を身につけることができる児童生徒
目指す 教職員像	◎　常に専門性を向上させ，保護者に信頼され，保護者と協働できる教職員となること 　・障害のある児童生徒の立場から常に考え，学び続けることができる教師 　・保護者に寄り添い，保護者と協働できる教師

中期の具体的取り組みと評価指標	
教育活動の重点的取り組み	経営活動の重点的取り組み
①　教職員の専門性の向上 　・授業改善と当該障害種に関する教育課程等に関する研修の徹底 　・部主事に対する研修の徹底 （評価指標：教職員，児童生徒の満足度　　％）	①　組織の円滑化 　・教頭，部主事及び分掌長との連携強化 　・組織の目詰まりの早期解決と組織改善 （評価指標：教職員の満足度　　％）
②　保護者との協働性強化 　・トラブルの早期解決 　・個別の教育支援計画等の正確な作成及びニーズの把握と対応 （評価指標：保護者の満足度　　％）	②　人事管理の改善 　・人材育成からみたキャリアデザインの推進 　・人事希望の把握とハラスメントのない職場構築 （評価指標：教職員の満足度　　％）
③　安心安全な学校の確立 　・非常変災時及びコロナ禍における対応マニュアルの作成と安心安全の徹底 　・生徒指導上の問題等の早期解決 （評価指標：教職員，保護者の満足度　　％）	③　地域との協働性確立 　・積極的な地域への情報発信及び地域のニーズ把握と対応 　・地域の学校等との交流及び共同学習と進路開拓の推進 （評価指標：保護者，地域の関係者の満足度　　％）

（出所）笠井（2012，78-79頁）を基に著者作成。新設校2年目〜4年目を想定。

児童生徒となることを挙げた。具体的には，児童生徒が個別の教育支援計画等により，今の段階の，そして将来に向けた自立と社会参加の意味づけや目標を教員及び保護者と話し合い，協働しながら学力を向上させ，日常生活において成長することを目標とする。

　最後に目指す教職員像では，常に専門性を向上させ，保護者に信頼され，保護者と協働できる教職員となることを挙げた。具体的には，校長が教職員の人材育成の観点から人事及び学校組織という周りの環境を整えることにより，教職員が授業改善等を常に行いやすくし，当該障害の専門的知識等を高め，保護者に寄り添いながら保護者と協働して子どもを育てることを目標とする。

（2）校長の位置づけ

　最後に，学校教育法によれば，「校長は校務をつかさどり，所属職員を監督する」（同法第37条4項）とされる。また，「岐阜県立特別支援学校管理規則」では，「校長は，校務の分掌組織を定め，又は職員に校務の分掌を命じたときは，毎年4月末日までに教育委員会に報告しなければならない」（同規則第14条の2）とされる。「校務をつかさどる」ということは，校務を教職員に分担して実施させ，きちんと実施されているか否かを監督することである。また，校務の内容は主に5点（学校教育の内容，教職員の人事管理，児童生徒の管理・指導，施設設備，教材教具の保全管理及び対外折衝，その他学校運営の財務・事務管理等）である（下村監修，2001，73頁）。

　校務は学校経営ビジョンの基礎的要素と考えられ，それぞれがうまく機能し，学校全体として目標が達成されたときに学校経営ビジョンが現実になる。また，およそ3年間を見通した学校経営ビジョンでは，どの要素を重点的に取り上げるか，または，全体的に取り上げるのか等が学校独自の課題となる。

　注
⑴　学校教育法第72条，73条，76条
　　第72条　特別支援学校は，視覚障害者，聴覚障害者，知的障害者，肢体不自由者又

は病弱者（身体虚弱者を含む。以下同じ。）に対して，幼稚園，小学校，中学校
又は高等学校に準ずる教育を施すとともに，障害による学習上又は生活上の困難
を克服し自立を図るために必要な知識技能を授けることを目的とする。

第73条　特別支援学校においては，文部科学大臣の定めるところにより，前条に規
定する者に対する教育のうち当該学校が行うものを明らかにするものとする。

第76条　特別支援学校には，小学部及び中学部を置かなければならない。ただし，
特別の必要のある場合においては，そのいずれかのみを置くことができる。

②　特別支援学校には，小学部及び中学部のほか，幼稚部又は高等部を置くことが
でき，また，特別の必要のある場合においては，前項の規定にかかわらず，小学部
及び中学部を置かないで幼稚部又は高等部のみを置くことができる。

(2)自立活動

目標　個々の児童又は生徒が自立を目指し，障害による学習上又は生活上の困難を
主体的に改善・克服するために必要な知識，技能，態度及び習慣を養い，もって心
身の調和的発達の基盤を培う。（文部科学省，2018a，199頁）

引用・参考文献

天笠茂（2006）『学校経営の戦略と手法』株式会社ぎょうせい。

一門惠子（2020）「特別寄稿　保護者の心理的支援」坂本裕編著『新訂2版　特別支
援学級はじめの一歩』明治図書出版，138-141頁。

大野裕己（2012）「学校改善の方法」篠原清昭編著『学校改善マネジメント——課題
解決への実践的アプローチ』ミネルヴァ書房，19-40頁。

笠井稔雄（2012）「学校ビジョンの設計」篠原清昭編著『学校改善マネジメント——
課題解決への実践的アプローチ』ミネルヴァ書房，63-80頁。

加藤宗英（2003）「自校のミッションの探索と学校経営方針の確定」木岡一明編『チ
ェックポイント・学校評価1　これからの学校と組織マネジメント』教育開発研
究所，80-85頁。

河合康（2020）「特別支援教育の歴史・制度」安藤隆男編著『特別支援教育基礎論』
一般財団法人　放送大学教育振興会，22-36頁。

一般財団法人　岐阜県校長会館　理事長・清水昭治（2020）『岐阜県学事関係職員録
2020年度版』一般財団法人　岐阜県校長会館。

小島弘道（2002）『21世紀の学校経営をデザインする　上』教育開発研究所。

下村哲夫監修，花輪稔編著（2001）『新版　学校運営便覧』教育出版株式会社。

末松裕基（2018）「現代の教育改革と学校経営」篠原清昭監修『学校管理職養成講座
——スクールリーダー育成のための12講』ミネルヴァ書房，23-27頁。

中村裕幸（2018）「学校組織マネジメント」篠原清昭監修『学校管理職養成講座——スクールリーダー育成のための12講』ミネルヴァ書房，53-69頁。

文部科学省（2018a）「特別支援学校幼稚部教育要領・特別支援学校小学部・中学部学習指導要領」海文堂出版。

文部科学省（2018b）「特別支援学校幼稚部教育要領・特別支援学校小学部・中学部学習指導要領解説　総則編（幼稚部・小学部・中学部）」海文堂出版。

（出口和宏）

第4章

特別支援学校の学校評価

　　学校評価とは，児童生徒がより良い教育を享受できるよう，教育活動等の成果を検証し，学校運営の改善と発展を目指すための取り組みを指す。ところが，特別支援学校の学校評価は基本的に小・中学校に準じて「適宜ふさわしい在り方を考慮しながら取組を進めること」（文部科学省，2016，43頁）とされており，特別支援教育の固有性に基づく実施体制や評価項目を検討する必要がある。

1　学校評価制度の成立経緯と目的・内容・方法

（1）学校評価の制度化

　1990年代以降，長期化する経済不況や情報化・国際化等の社会変容にともない，公共部門に対しても抜本的な行財政改革が求められ，民間企業の経営手法を導入した新公共経営（New Public Management）が要請されるようになった。[1]教育行政分野においても，学校の自主性・自律性に基づく「特色ある学校づくり」を推進するために，1998年の中央教育審議会答申「今後の地方教育行政の在り方について」において学校評価制度が提言された。次いで，2000年に首相の私的諮問機関として設置された教育改革国民会議（森内閣）においても，「教育を変える17の提案」の中で学校評価制度の導入が再度提言された。

　　これらを受けて，2002年の小学校・中学校設置基準の制定により，教育活動その他の学校運営の状況について，自己（点検）評価の実施と結果の公表が努力義務とされた。その後，2005年には経済財政諮問会議（小泉内閣）の「骨太の方針2005」において，学校評価の充実のための外部評価の実施が提言された。

また，規制改革・民間開放推進会議でも，自己（点検）評価の実施・公表の義務化や生徒・保護者・地域住民等による外部評価の実施（第1次答申），全国的な学力調査の実施結果の公表（第2次答申）が提言された。

このような動きの中で，2006年には文部科学省内に学校評価システム研究会が新設され，「義務教育諸学校における学校評価ガイドライン」（盲・聾・養護学校小・中学部を含む）が策定された。さらに，2007年には協力者会議（「学校評価の推進に関する調査研究協力者会議」「学校の第三者評価ガイドラインの策定等に関する調査研究協力者会議」）が新設され，改正学校教育法・同施行規則において学校評価制度が位置づけられた。同制度の目的は次のとおりである。

① 各学校が，自らの教育活動その他の学校運営の状況について，自ら評価を行い，その結果を公表すること（学校教育法施行規則第66条第1項）。その場合，各学校の実情に応じて，適切な評価項目を設定する（同規則第66条第2項）。

② 各学校が，自己評価の結果を踏まえた当該学校の児童生徒等の保護者その他の当該学校の関係者（当該学校の職員を除く）による評価を行い，その結果を公表するよう努めること（同規則第67条）。

③ 各学校が，自己評価の結果及び学校関係者による評価を行った場合はその結果を，当該学校の設置者に報告すること（同規則第68条）。

すなわち，学校評価は，年度当初に設定した学校の教育活動・経営活動に関する目標について，その達成状況および体制・方法の適切さを総括的に自己評価することを指す。そして，その結果を公表することによって学校・家庭・地域の連携体制を構築するとともに，学校と学校設置者が組織的・継続的に学校を改善し，教育の質保証に寄与するために活用することが期待されていた。

（2）学校評価の実施方法と問題状況

学校評価の実施方法については，① 校長のリーダーシップのもと全教職員

資料4-1　学校評価の類型と特徴・実施方法

類　型	特　徴	実施方法
自己評価 （義務）	全教職員が参加し，設定した目標や具体的計画等の達成状況や取組みの適切さについて評価	① 校長のリーダーシップの下，全教職員による組織的な自己評価 ② 児童生徒・保護者を対象とする調査票等（外部アンケート等）の結果を活用
学校関係者評価 （努力義務）	学校関係者評価委員会等（保護者，学校評議員，地域住民，関係機関，他校教職員）が，当該学校の観察や意見交換等を通じて，自己評価結果について評価	① 評価委員会に対する重点目標や自己評価の取組状況等の説明 ② 教育活動の参観，施設・設備の観察，校長・教職員・児童生徒との対話を実施 ③ 学校の自己評価結果，今後の改善方策，重点目標・評価項目等について評価
第三者評価 （任意）	外部専門家（大学教員，校長・指導主事経験者，教育委員会の指導主事，民間研究機関，PTA・青少年団体，企業・監査法人等）を中心として専門的視点から評価	① 各学校の教育目標の設定・達成に関する取組みの適切さに対する評価 ② 自己評価・学校関係者評価の適切な実施，学校経営の継続的な改善過程の評価 ③ 教育活動実施上の諸種の基準を満たしているか確認する監査的な評価

（出所）文部科学省（2016，9-36頁）をもとに筆者作成。

が参加する自己評価，② 評価委員会等による学校教育活動の観察・意見交換等を通じた学校関係者評価，③ 利害関係のない外部専門家を中心とした第三者評価による（資料4-1）。特に，自己評価については法令上義務化されており，日常的な評価活動を適宜実施し，それらの結果に基づき年度重点目標および評価項目・指標等の見直しや，学校設置者に対して必要な行政支援を求めることが期待されている。このことは，各学校で制約のある経営条件（人員・予算・時間等）を精選し，急迫性や教育効果の高い活動に集中させるためにも有効である。

　そのため，効果的な学校評価を実施するためには，適切な経営サイクル（Plan-Do-See）の確立が求められる[(4)]。すなわち，学校の課題に即した重点目標を設定するとともに，達成に必要な取り組みを評価項目・指標として位置づけ，

資料 4 - 2　学校評価の課題と機能させる方法

視　点	課　題	機能させる方法
① 目標共有	・不明確で抽象的な目標 ・重点化のない平板的な目標 →労力の分散と進行の遅れ ・教職員の意欲不足	・中期的ビジョンを教職員が共感→日々の活動において意識 ・中期的ビジョンを受けて年単位の具体的・重点的成果目標の設定
② プロセス設計	・児童生徒に関する記述のみ →曖昧な学校の取組み状況 ・日常的な活動との関連不足 →「評価のための評価」 ・学校単独での実施	・成果目標を達成するための具体化・重点的実施 ・小さな成功体験や試行錯誤での仮説検証の繰返し →自信をもとに取組みの改善
③ 協力・協働関係	・キーパーソンへの過度な依存 →異動による取組みの後退 ・教職員の相互不干渉 ・アンケート結果・統計の分析不足	・チームワーク（協力・協働）による取組み ・教職員が議論し知恵を結集 →合意の得られた結論

（出所）野村総合研究所（2011, 14-18頁）をもとに筆者作成。

　教育活動・経営活動の実施過程において諸種の情報・資料を収集していく。そして，各学校は重点目標に基づく評価を実施し，評価結果をもとに次年度の重点目標の設定や具体的な改善を図ることが期待される。

　その場合，報告書を学校設置者（教育委員会）に提出することによって，人事配置（指導主事の派遣），予算配分（学校裁量予算の配分），事務手続きの合理化（承認・届出事項の見直し）といった経営条件の整備のための行政支援を受けることも期待される。また，評価結果の公表によって，保護者・地域住民に対する説明責任（accountability）を果たし，共通理解と連携協力を得ることも期待される。ここでは，従来のような保護者対象の「学校だより」配布やPTA総会等での直接対面による説明だけでなく，学校ホームページや地域広報誌等の活用も検討されるべきである。

　一方，文部科学省が野村総合研究所に委託した「学校評価の評価手法等に関する調査研究事業」では，学校評価の問題点として，① 実施のための手間・労力（cost），② 評価疲れ，③ 教職員の理解不足，④ 職務遂行上の優先順位の

低さ，⑤保護者等との連携・協働不足が指摘されている（野村総合研究所，2011，4‑5頁）。

　そして，学校評価を機能させる方法として，①学校の中期的ビジョンに対する教職員の理解を前提として，年単位の具体的かつ重点化された目標を設定すること（目標共有），②小さな成功体験や仮説検証の繰返しによって，成果目標を達成すること（プロセス設計），③教職員の議論を通して知恵を結集し，協力・協働関係の下で合意形成を行うこと（協力・協働関係）が示された（資料4‑2）。

2　学校評価の前提となる特別支援学校の固有性

　特別支援学校における教育活動・経営活動は小・中学校等の法規定が準用されていることから，学校評価の実施方法についても基本的には小中学校等と同様に扱われてきた（文部科学省，2016，42-43頁）。ところが，特別支援学校には多様な児童生徒等の障害特性や発達段階に対応（公正性）しながらも，他の健常児と同等の「教育を受ける権利」を保障する（公平性）ことが求められる（中央教育審議会，2012，4‑5頁）。そのため，特別支援学校における学校評価の実施について，以下のような固有性を前提として検討されなければならない。

　第一に，障害特性・発達段階による「個に応じた指導」の必要性である。そのため，各学校では「個別の指導計画」「個別の教育支援計画」の作成・明示が必須であり，指導上の課題を継続的に記録することで教員集団の共通理解・相互連携を促進し，組織的・段階的に最適な支援策をとる判断材料となり得る。ただし，小中学校等の自己評価において用いられている児童生徒の授業評価については，それらと同一の評価項目・実施方法を適用することは困難である。

　第二に，障害特性に応じた「安全・安心な」学習環境の整備である。特に，障害特性に基づく事理弁識能力・意思疎通能力・運動能力の困難は，危機的な状況下において，①情報理解・意思表示支障（授受・伝達・理解・判断の漏れ），②危険回避行動支障（危険認知，臨機応変な回避），③避難行動支障

（落下物・転倒物，段差・傾斜），④生活・生命維持支障（医薬品・機器の保持，天候・気温，呼吸困難），⑤適応支障（心理的動揺・不安，興奮・過剰反応）として現われる。そのため，障害特性ごとに危険因子を想定し，安全確保行動（危険の予測，適切な回避，援助の要請等）をとることができる能力の育成と学習環境の整備が求められる。

　第三に，高度な専門性の要請である。特別支援学校では視覚障害者・聴覚障害者・知的障害者・肢体不自由者・病弱者（身体虚弱者を含む）が通学し，複数学部（幼稚部・小学部・中学部・高等部本科・高等部専攻科）が併置されている。そのため，教員には原則として特別支援学校教諭免許状と各部相当免許状の併有が求められるが，その資格要件は「当分の間」免除される（教育職員免許法附則16）ことから，当該障害種の免許状を有する新規採用教員は80.5％（令和2年度現在）にとどまっている。

　第四に，地域における特別支援教育の「センター的機能」（中央教育審議会2005，9-12頁）の要請である。特別支援学校には地域内の小・中学校に対する巡回相談や指導助言等の支援が期待され，その場合の連携協力（医療・福祉・労働等関係機関や大学・NPO等を服務）を促すための連絡調整を特別支援教育コーディネーターが担う。また，児童生徒・保護者の要望に応じて通級指導教室（週1～2回の定期通級または不定期通級）や，支援教室（月1回程度）での相談機会を設け，障害特性に合わせた学習方策，在籍校での支援方策，教材教具・補助具の活用法に関する知見の提供が求められる。

　第五に，関係機関との連携協力による「学校づくり」の一体化である。多様な教育的要求に対して適切な相談・支援を実施するためには，①医師および関連専門職（公認心理士・理学療法士・作業療法士・言語聴覚士等），②事業化された相談支援専門員（障害児相談支援・計画相談支援・地域移行支援・地域定着支援・障害者相談支援・児童発達支援・保育所等訪問支援・放課後等デイサービス），③自治体に設置された広域専門機関（発達障害者支援センター，難病相談・支援センター等），④就業のための労働関係機関（公共職業安定所，障害者職業センター，障害者就業・生活支援センター等）との連携協力が求め

られる。

　以上，特別支援学校の学校評価を考える前提として，① 障害特性・発達段階に応じた個別の教育支援のために教員組織における協働が必要であり，② 安全・安心の確保が小・中学校等より困難であり，③ 地域の「センター的機能」を果たすことが期待されているため，④ 地域社会における多様な利害関係者（stake-holder）との連携協力体制の構築が求められていることを理解しなければならない。

3　特別支援学校における学校評価の課題

　次に，前述のような特徴をもつ特別支援学校において，障害のある児童生徒等やその保護者が抱える多様な教育的ニーズに対して，多様な利害関係者による評価と，一体的かつ継続的な支援体制の整備が行われているのか検討したい。

（1）自己評価・学校関係者評価・第三者評価の実施状況

　第一に，法令上の実施義務がある自己評価について，文部科学省「学校評価等実施状況調査（平成26年度間）結果」（以下，「文科省調査」とする）によれば，全国の特別支援学校の約半数が年度末に1回（49.5％）実施しており，中期的な経営改善のために複数回（31.5％）実施する学校は少なかった。また，評価項目について，独立行政法人国立特別支援教育総合研究所の調査（以下，「特総研調査」とする）によれば，① 特別支援教育に関する「通級による指導」（82.5％），「広域特別支援連携協議会への取り組み」（70.6％），「校内委員会」（63.2％），「特別支援教育コーディネーター」（56.7％），② 教職員に関する「障害全般の指導技術」（51.6％），③ 地域社会に関する「地域のイベントへの参加」（69.3％），「地域コミュニティ活動における役割」（57.6％），「学校を開放して行う行事」（54.0％）については設定していない学校の割合が高かった。

　第二に，法令上の努力義務である学校関係者評価について，文科省調査によ

	自己評価			学校関係者評価		
	小学校	中学校	特別支援	小学校	中学校	特別支援
学力向上	93.2%	90.0%	77.5%	79.5%	75.2%	67.8%
生活態度の改善	96.0%	94.0%	83.3%	90.7%	86.8%	73.5%
学校運営の改善	98.2%	96.7%	98.3%	93.3%	92.7%	95.4%
保護者・地域住民との連携協力	91.7%	86.6%	90.4%	93.1%	88.4%	90.0%
学校設置者の行政支援	70.8%	68.7%	58.7%	67.3%	64.8%	55.9%
教職員の意識改革	97.9%	96.6%	95.7%	92.3%	90.8%	93.0%

（注）「大いに効果があった」「ある程度効果があった」の回答結果を合算した。
（出所）文部科学省（2015，15-20・29-34頁）より筆者編集。

　れば全国の特別支援学校の大半が実施（未実施16校）してはいるが，半数以上が年度末に 1 回（61.2%）実施するにとどまり，中期的な経営改善のために複数回（20.7%）実施する学校は少なかった。また，特総研調査によれば，保護者に評価を委嘱した学校は502校（78.6%），医療・労働・福祉等の関係機関に委嘱した学校は158校（24.7%）であり，その理由として「広く意見を聞くこと」（20.8%），「精度の高い評価」（17.1%）や「運営の改善・質の向上」（15.0%）を期待していた。

　第三に，任意で実施される第三者評価について，文科省調査によれば特別支援学校では全国的にあまり実施されていなかった（15.5%）。その場合の実施体制についても，外部専門家（51.0%）の協力が大半であり，評価チーム（24.8%）や地域内の複数校の教職員（1.3%）による割合は明らかに低い。また，特総研調査によれば，学校評議員や大学等の専門家に第三者評価を委嘱する理由として，「外部からの客観的な評価」（45.8%）が最も期待され，「教育活動の改善に生かす」（15.3%）や「開かれた学校とする」（11.0%）ことが続いた。

　このことについて，文科省調査によれば特別支援学校における学校評価の効果（肯定率）は資料 4 - 3，「学校運営の改善」「保護者・地域住民との連携協力」「教職員の意識改革」に関する項目で肯定的な回答が 9 割以上を占めてい

た。しかし，学校評価の本来の目的が「児童生徒がより良い教育を享受できる
ようにすること」であるにもかかわらず，特別支援学校では「学力向上」（自
己評価77.5％，学校関係者評価67.8％）「生活態度の改善」（自己評価83.3％，
学校関係者評価73.5％）に関する項目で小・中学校よりも1割程度低い結果と
なった。

　さらに，学校設置者（教育委員会）等による行政支援・改善措置の効果につ
いては肯定的な回答が6割（自己評価58.7％，学校関係者評価55.9％）にとど
まっていた。今後は，学校評価の結果に応じて，特別支援学校に対する行政支
援や条件整備等の改善措置を講じることにより，ますます教育の質保証・向上
を図っていくことが期待されよう。

（2）学校評価過程における連携協力体制にみられる実態

　このような学校評価の実施過程における連携協力体制については，文科省調
査によれば，次のような課題がみられた。すなわち，自己評価の目標設定に関
与したのは，校内の教職員が大半（管理職98.1％，担当教職員81.8％，その他
46.3％）を占めており，保護者（13.0％）・地域住民（6.5％）との連携協力は
不十分であった。また，評価結果は本来であれば「コミュニケーション・ツー
ル」としての活用が求められるが，特別支援学校においては職員会議等での話
し合い（自己評価85.4％，学校関係者評価57.6％）や保護者・地域住民等との
対話（自己評価44.1％，学校関係者評価14.7％）について，小・中学校よりも
活用が進んでいないことがわかった。また，多くの特別支援学校では学校関係
者評価の結果について，具体的な改善策への活用（59.6％）や基本方針・目標
設定への反映（57.5％）の点についても課題が残されている（資料4-4）。

　そして，学校評価の結果公表については，701校（98.7％）が内部への公表
を690校（全体の96.4％）が学校関係者への公表を行っていたが，地域住民等
に対しては475校（66.7％）の公表にとどまっており，その多くが「ホームペ
ージで公開」（78.9％）していた。この取り組みは，2000年代以降の地方分権
改革によって政府の設定する最低基準（standard）をもとに自治体が独自の政

資料 4 - 4　特別支援学校における学校評価結果の活用方法

	自己評価			学校関係者評価		
	小学校	中学校	特別支援	小学校	中学校	特別支援
職員会議等での話し合い	95.9%	94.1%	85.4%	80.7%	71.3%	57.6%
保護者・地域住民等との対話	50.4%	44.4%	44.1%	21.2%	17.2%	14.7%
具体的な改善策への活用	85.5%	79.4%	78.5%	73.5%	61.1%	59.6%
基本方針・目標設定への反映	76.3%	73.2%	78.2%	59.8%	54.9%	57.5%
自己評価結果の見直し	―	―	―	23.3%	21.2%	21.5%
その他	0.6%	0.9%	1.0%	0.2%	0.3%	0.4%

（出所）文部科学省（2015，13，27頁）より筆者編集。

策を立案できるようになり，地域住民に対する説明責任が求められたことと軌
を一にする。⁽⁷⁾

（3）G県立特別支援学校における学校評価の課題

それでは，特別支援学校における学校評価の実施状況について，より具体的
な評価項目とその結果を分析するために，G県を事例として説明したい。

同県においては県立の特別支援学校22校のうち，学校ホームページにおいて
保護者アンケートを公開しているのは13校（59.1%）にとどまっている。質問
項目のうち前述の特別支援学校の固有性に沿うものを抽出し，それらの回答の
平均値を比較した（資料4-5）。

まず，教育活動に関するアンケート結果については，的確な実態把握（83.1
%），適切な内容進度（80.7%），教材教具の活用（79.9%）に関する肯定率が
低いことがわかる。これらは，特別支援学校に本来求められるはずの「障害の
ある子ども一人一人のニーズに応じてきめ細かな支援を行うために乳幼児期か
ら学校卒業後まで一貫して計画的に教育や療育を行う」（中央教育審議会，2005，
3-4頁）という理念の実現に課題を残すものであり，障害のある児童生徒等の
学習権を保障するために早急な改善が望まれる。

次いで，経営管理活動に関するアンケート結果については，就職支援に関し
て進路情報の提供（77.6%），就職先との連携（70.3%）に関する肯定率が低

資料 4 - 5　特別支援学校の保護者・学校評議員アンケート結果

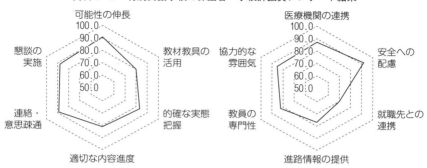

（注）左：教育活動に関する事項　右：経営管理活動に関する事項
（出所）G 県内各学校ホームページより。

資料 4 - 6　特別支援学校における学校関係者評価委員の構成

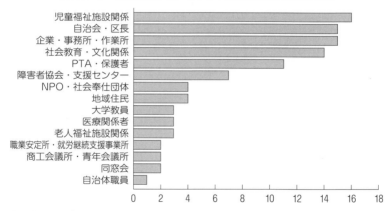

（出所）G 県内各学校ホームページより。

　いことも分かる。このことは，特別支援教育の「障害のある幼児児童生徒の自
立や社会参加に向けた主体的な取組を支援する」（中央教育審議会，2005，5頁）
という目的や，障害者の雇用の促進等に関する法律の目的（第 1 条）に照らし
ても喫緊に解決しなければならない課題であると言える。
　このことについて，学校関係者評価を担当する学校評議員（学校運営協議会
は 2 校）の委員内訳を見ても（資料 4 - 6），その多くが児童福祉施設関係（計

16名），自治会・区長（計15名），企業・事業所・作業所（計15名）から構成されており，今後は家庭における自立支援活動の当事者でもある保護者の参加がより一層求められよう。一方，昨今の社会情勢に鑑みて，学校独自の評価項目の設定が期待されるが，同県においては「情報機器の活用・ICT 教育の推進」が 2 校，「新型コロナウイルス感染症対策」が 5 校，「地域のセンター的機能の充実」が 2 校，「防災教育・安全教育の推進」が 3 校にとどまっていた。

4　特別支援学校における学校評価システムの改善モデル

　最後に，特別支援学校における独自の学校評価システムを提案したい。とりわけ，評価活動については，組織行動への定着機能（colonization）として「評価がもたらす新しい価値観が組織活動の核心に深く浸透していき，組織成員に新しいメンタリティと認識の枠組みを生じさせる」（Power, 1997, 133-134）ことが期待される。

（1）学校評価推進委員会を中核とした地域内評価体制と当事者の参画

　まず，学校評価については，学校・家庭・地域の「コミュニケーション・ツール」としての機能が期待される。このことについて，校内では教職員の共通合意に基づく評価指標を設定し，各学部や校務分掌の枠を超えて，学校全体で教育活動を振り返る媒体として積極的に位置づけることができる。特に，特別支援学校においては日常の教育活動だけでなく，保護者の家庭における自立支援活動も「自立や社会参加に向けた主体的な取組を支援する」ためには欠かせない。そのため，特別支援学校における授業評価と合わせて，直接の利害関係をもつ保護者の自立支援活動を相互に評価する協同的評価が求められよう（資料 4 - 7 ）。

　一方，地域における特別支援教育の「センター的機能」を果たすためには，学校関係者評価・第三者評価を活用するだけでなく，地区内の特別支援学校との連携協力体制の構築も求められる。そこで，地域住民代表・教育委員会担当

資料4−7　特別支援学校における地域内評価体制と保護者の評価参画

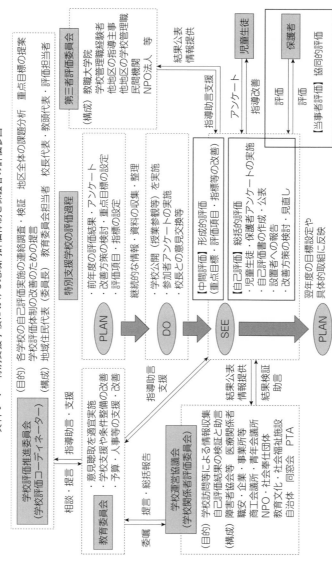

者・校長代表・教頭代表・評価担当者からなる学校評価推進委員会（学校評価コーディネーター）を設置し，地域全体の課題から各学校の自己評価実施の連絡調整・検証を行うとともに，学校評価体制の改善について提案する。

　また，関係機関等との協働体制を構築するために学校関係者評価委員会を兼ねる学校運営協議会の委員については利害関係者の参加を求めるべきである。すなわち，①広域専門機関（児童発達・発達障害者支援センター，難病相談・支援センター，地域生活定着支援センター等），②医療機関（医師・理学療法士，作業療法士・言語聴覚士），③福祉機関（相談支援専門員，放課後等デイサービス・ショートステイ・日中一時支援・障害児相談支援），④労働機関（公共職業安定所，障害者職業センター，障害者就業生活支援センター，就労移行支援事業所）の関係者である。今後は，児童生徒等の自立支援のために卒業後の受け入れ先となる地元企業や，実際に社会の構成員となっている卒業生・同窓生による評価も考えられよう。

（2）特別支援学校における学校評価項目の改善モデル

　次に，特別支援学校の固有性に応じた学校評価項目について検討する（資料4-8）。ただし，評価項目については，①直接教育活動そのものの評価（学校教育の評価）と，②間接教育活動としての学校経営の条件整備に関する評価（学校経営の評価）を構造的に区分する必要がある（高野，1980，545-546頁）。

　第一に，教育的事項については，児童生徒等の障害特性や発達段階に応じた指導の充実のために，個別の教育支援計画・指導計画・移行支援計画等に基づく，①校内外の教育的条件・環境の活用，②関係者との協働，③計画の立案・実践・評価，④将来の自己実現や社会適応を見据えた指導方法や指導形態の開発，⑤共感的理解に基づくきめ細かで計画的な指導等が評価対象となる。また，地域における「センター的機能」を果たすために，①情報収集・分析（校内外の連携・連絡），②小・中学校等への支援活動（巡回相談・指導・支援，「交流及び共同学習」の推進），③教育相談活動（公開講座，研修講師の派遣，電話・メール相談），④学校施設の活用（卒業生・保護者等によ

資料 4 - 8　特別支援学校における学校評価の自己評価項目モデル

指標		評価項目例
教育的事項	教育課程	・個別の児童生徒の実態に即した教育課程が編成されている。 ・教育目標を達成できるよう各教科を関連させた教育課程が編成されている。 ・学びの質が高まるよう個別の教育支援計画を活用し，教育課程が評価・改善されている。 ・校内外の条件・環境を活用し，より効果的な教育課程の実施に努めている。
	学習指導	・関係者との協働により個別の教育支援計画・指導計画が作成・共有されている。 ・児童生徒の障害や発達の状態に応じた教材の開発と活用の工夫がなされている。 ・個別の指導計画をもとに，学習状況について確認する機会が設けられている。 ・個別の教育支援計画を反映した年間学習指導計画を立案している。
	進路・生徒指導	・個別の移行支援計画および進路支援の記録による組織的・計画的な支援が行われている。 ・体験活動等を計画的に実施し，実態に応じた進路支援の充実に努めている。 ・将来の生活を見据えた指導方法や指導形態の開発が進められている。 ・カウンセリング精神で共感的理解をもって児童生徒の指導に当たっている。 ・集団指導による意思表示手段を工夫し，自己実現や社会適応を図っている。 ・人権尊重の立場から，児童生徒の実態に応じた詳細かつ計画的な指導の充実に努めている。
	特別支援	・特別支援教育コーディネーターが校内支援や機関間連携等について調整を図っている。 ・地域内学校に巡回相談・指導・支援（電話・メールを含む）を提供している。 ・特別支援教育に関する公開講座や地域内の学校に研修講師を派遣している。 ・地域内学校との交流及び共同学習推進により，ともに学ぶ体制が築かれている。
管理的事項	保健・安全管理	・保健師や各校養護教諭をはじめとした関係者・機関との連携促進を図っている。 ・外部専門家（ST・PT 等）の指導助言を学校内の実践に有効に機能させている。 ・医療・福祉機関等と当該の児童生徒に関する具体的な情報交換をしている。 ・災害発生時に地域内で利用できる多機能トイレや非常用電源等を確保している。 ・障害特性から予め危険要因を想定した危機管理マニュアルを作成している。 ・障害や学校に応じた情報伝達方法や避難経路・避難体制を検討する。
	環境整備	・校内のバリアフリー施設設備の充実に向けて整備修繕を計画的に行っている。 ・必要な教育支援機器（タブレット等）等を計画的に整備し，提供している。 ・障害特性に配慮して教室を有効活用（小部屋や仕切られた空間）している。 ・プール・体育館等の施設について地域開放を行っている。
	情報	・学校生活の様子に関する情報発信を通して保護者との連携協力に努めている。 ・地域支援情報について保護者・地域・他校への啓発活動を実施している。 ・リーフレット・回覧板・新聞・Web を活用して効果的に情報発信を行っている。
経営的事項	運営	・他分掌等関係部署の協力・連携による支援体制の確立が進められている。 ・適切な頻度で情報共有の場（校内委員会）が設けられている。 ・他学部・学年との連携により個別の指導計画・教育支援計画が作成されている。
	研修	・研修会・授業研究等が計画的に実施され，内容が教育実践に反映されている。 ・地域の学校の教員のニーズも積極的に把握し，公開の研修会を開催している。 ・特別支援学校教諭免許状の未取得者のために業務負担等の配慮をしている。
	学校評価	・学校評価や外部アンケートの結果をホームページで公表している。 ・学校の条件整備に関する経費の予算化に必要な情報・要望を教育委員会に提供している。 ・個別の支援教育計画・指導計画の定着のためにアンケートを活用している。 ・外部専門家の指導や助言を指導実践の充実に機能させている。
	連携	・関係諸機関や特別支援学校間の要請に応えた会議等に参加している。 ・教育行政機関・特別支援教育センター等と連携し，小・中学校等に対する適切な支援を行っている。 ・地域住民を対象とする懇談会等を開催し，地域諸機関との連携を図っている。

（注）　4 段階評価（A：十分達成できた，B：ほぼ達成できた，C：あまり達成できていない，D：達成できなかった）を想定している。

るカウンセリングの場）等の評価も有効となろう。

　第二に，管理的事項については，児童生徒等の障害特性や発達段階に応じた個別の保健管理・安全管理・環境整備が必要となる。そのため，① 特定の障害特性に詳しい外部専門家・関係機関（大学教員，研究機関，医師，各種訓練士，企業等）との連携促進・情報交換，② 非常事態の危機管理対策のための予防策・次善策（マニュアル作成，避難訓練，健康観察），③ 日常的な経営条件・教育環境の整備（定期安全点検）等の様態を評価する必要がある。また，保護者や地域社会との連携協力のために，学校だより・地域広報誌・学校案内・回覧板・新聞・学校ホームページ等の活用状況について評価する必要がある。

　第三に，経営的事項については，特別支援学校の学部・学年・分掌間での連携協力による支援体制の確立を進めるために，① 経営条件としての人的，物的，財的，教育内容・方法的，組織運営的諸条件の効果や，② 経営過程における目標設定（Plan）・教育活動（Do）・評価活動（See）の適正性に関する評価が求められる。特に，特別支援学校においては，人的経営条件として特別支援学校教諭免許状の所有率の低さや，特別支援教育コーディネーターの過重労働負担が課題とされていることから，① 校内における研修会・授業研究等の計画的な企画・実施，② 業務負担の合理化・適正化，③ 外部研修・研究の成果や事例集・作成教材等の共有化の状況について評価する必要がある。

　ただし，一般的に「ヒューマン・サービス」は，① サービス受容者からの評価を手掛かりにせざるを得ないこと（主観性），② サービスそのものを間接的にとらえた代理尺度も利用できること（間接性），③ サービスの質に関する指標は長期的に測定されること（長期性）を特徴としているため，教育の効果は短期間で認識できるものではなく，可視的に表現できる成果はむしろ少ないことに留意しなければならない（田尾，2012，281頁）。

　そのため，数値化が妥当な指標（到達度％，達成段階 A・B・C 等）を検討し，場合によっては定量的・定性的評価の併用について教職員の共通理解が必要となる。特に，学校評価においては，目標の達成状況と体制・方法の関係性の把握に努め，目標や具体的計画，評価項目・指標等の妥当性も評価対象に含

まれるべきである。ここで，低評価となった項目については要因を解明し，次年度以降の目標設定や学校経営計画の立案に活用することによって，中・長期的な視点で学校を改善することが期待される。ただし，評価行為は目標への適合性を志向する側面ももつことから，単に数値の向上のみが目的とならないよう留意する必要がある。

　以上の評価活動を通して得られた評価結果については，保護者・地域住民・関係機関への説明責任を果たすことによって協働を促し，次年度の学校経営計画に反映させることによって教育の質保証・向上につなげることが期待される。

5　総　　括

　近年，自律的な学校改善による教育の質保証や，利害関係者に対する説明責任の履行のために，学校評価の実施と結果の公表が求められている。しかし，多くの特別支援学校では年度末の総括的な学校評価にとどまっており，小・中学校と比較しても学力・生活態度の向上および学校設置者の行政支援に結びついていない。また，学校評価の実態として，児童生徒・保護者アンケートに基づく自己評価や，学校評議員・学校運営協議会委員による学校関係者評価を主としており，多様な利害関係者との協働が今後の課題として残されている。

　そこで，本章では，評価活動がもつ組織行動への定着機能に着目し，特別支援学校における独自の学校評価システムを提案した。第一に，学校評価体制については，直接の利害関係をもつ保護者の自立支援活動を相互に評価する協同的評価の実施や，学校評価推進委員会（学校評価コーディネーター）設置による地区内の特別支援学校との連携協力体制の構築である。第二に，学校評価項目については，「ヒューマン・サービス」がもつ主観性・間接性・長期性といった特徴を踏まえ，教育的事項・管理的事項・経営的事項ごとに4段階評価（A・B・C・D）の項目モデル（評価指標）を提示した。

　これからの特別支援学校においては，その設置理念や目的に鑑みて「個に応じた指導」や就職支援に関する事項を改善するとともに，家庭における自立支

援活動の当事者でもある保護者の評価活動への参加がより一層求められよう。

注
(1)　具体的には，① 行政における費用対効果の向上，② 民営化の推進，③ 競争原理の導入によるインセンティブの供与，④ 結果による統制を通じた公共サービスの質の向上，⑤ 顧客・消費者としての市民の選択の自由の拡大，⑥ 柔軟で分権的な管理組織制度への転換，⑦ 説明責任の確保である。
(2)　その後，2008年1月の改訂では高等学校の特徴が，2010年7月の改訂では第三者評価の実施方法が，2016年3月の改訂では義務教育学校・特別支援学校の特徴が追記された。
(3)　従来用いられてきた「外部評価」は，狭義には保護者・地域住民による評価を，広義には第三者評価も含めた学校外の有識者等による評価を指していたが，その具体的な内容については多様であった。
(4)　一般的な行政評価については，業績測定（performance measurement）と計画評価（program evaluation）の相互補完的な活用が求められる（山谷，2010，15-16頁）。
(5)　これまで「学校評価等実施状況調査」は3年ごとに実施されていたが，今後は5年に1度実施される予定である。これは，2017年12月26日の文部科学大臣決定「学校における働き方改革に関する緊急対策」等において，学校業務の適正化が要請されたためである。
(6)　ここでは，2008年12月中旬から翌年1月中旬にかけて全国1021校の特別支援学校および分校を対象として調査を実施し，有効回答数は735校（回収率72.0％）であった（独立行政法人国立特別支援教育総合研究所，2009，18-19頁）。
(7)　その場合，地方に権限が委譲されたことにともない，競争と選択による資源の効果的・効率的な配分が求められ，公費投入に対する費用対効果が重視される。

引用・参考文献
金子郁容編（2005）『学校評価——情報共有のデザインとツール』筑摩書房。
木岡一明（2004）『学校評価の「問題」を読み解く——学校の潜在力の解発』教育出版。
独立行政法人国立特別支援教育総合研究所（2009）『特別支援学校の特性を踏まえた学校評価の在り方に関する基礎的研究』「専門研究A（平成20年度）研究成果報告書」。
田尾雅夫（2012）『現代組織論』勁草書房。

高野桂一（1980）『経営過程論』（高野桂一著作集「学校経営の科学」第3巻），明治図書。

中央教育審議会（2005）「特別支援教育を推進するための制度の在り方について（答申）」2005年12月。

中央教育審議会（2012）「共生社会の形成に向けたインクルーシブ教育システム構築のための特別支援教育の推進（報告）」2012年7月。

野村総合研究所（2011）「学校関係者評価の充実・活用に関する調査研究報告書」文部科学省『学校評価の評価手法等に関する調査研究事業』。

文部科学省（2015）「学校評価等実施状況調査（平成26年度間）結果」。

文部科学省（2016）『学校評価ガイドライン〔平成28年改訂〕』。

山谷清志編（2010）『公共部門の評価と管理』晃洋書房。

Michael Power（1997）*The Audit Society : Rituals of Verification*, Oxford University Press.

（芥川祐征）

第5章

特別支援学校の組織マネジメント

　　　特別支援学校は，幅広い年齢や多様な実態の児童生徒が在籍し，それ
　　ぞれの部や障害に応じた教育課程がある。また，センター的機能など特
　　別支援学校に特有な機能がある。それぞれの学校課題を解決し，教育活
　　動を充実していく際に，特別支援学校の特性を考慮した組織マネジメン
　　トを行う必要があり，教職員が一致協力し，組織的，機動的な学校運営
　　が行われるようにすることが求められる。そこで，部主事や分掌，長主
　　任等のミドルリーダーを活用した組織マネジメントモデルを提案する。

1　組織マネジメントとは

　学校における組織マネジメントについて，『マネジメント研修カリキュラム
等開発会議』資料（文部科学省，2004）では，学校内外の能力・資源を開発・活
用し，学校に関与する人たちのニーズに適応させながら，学校教育目標を達成
していく過程（活動）と定義されている。そのマネジメントの内容は学校に求
められる在り方に応じて変化し，現在では，現状の学校課題を把握し，学校ビ
ジョンの下，学校内外の能力や資源を活用しより良い教育活動をチーム学校と
して，組織的な学校運営を実施していくことが求められている。

　このような組織マネジメントが導入された経緯は，1998（平成10）年の学習
指導要領改訂で，特色ある学校づくりや各学校の自主性と自律性の発揮が期待
されるようになり，1998年9月，中央教育審議会答申「今後の地方教育行政の
在り方について」にて，学校組織運営の在り方が提言されたことに始まる。こ
こでは，「各学校の自主性の確立と自らの責任と判断による創意工夫を凝らし

た特色ある学校づくりの実現のためには，人事や予算，教育課程の編成に関する学校の裁量権限を拡大するなどの改革が必要である。また，学校の自主性・自律性を確立するためには，それに対応した学校の運営体制と責任の明確化が必要である。このため，校長をはじめとする教職員一人一人が，その持てる能力を最大限に発揮し，組織的，一体的に教育課題に取り組める体制をつくることが必要であり，このような観点から学校運営組織を見直すことが必要である。」と示され，公立学校において，マネジメント手法を導入することになった。

　それに伴い，2004（平成16）年に，文部科学省は「学校組織マネジメント研修—これからの校長・教頭等のために—（モデル・カリキュラム）」を開始し，その翌年には全ての教職員，全ての事務職員を対象とするモデル・カリキュラムが開発された（文部科学省，2005）。これらのカリキュラム開発を受け，各教育委員会においてもマネジメント研修が行われるようになった。

　さらに，そのマネジメントの内容は社会に求められる学校の在り方に伴い変化している。2012（平成24）年には，中央教育審議会答申「教職生活の全体を通じた教員の資質能力の総合的向上方策について」で，教員が専門的知識・技能を向上させるとともに，マネジメント力を有する校長のリーダーシップの下，地域の力を活用しながら，チームとして組織的かつ効率的な対応を行う必要があると示された。2015（平成27）年には，中央教育審議会答申「チームとしての学校の在り方と今後の改善方策について」で，個々の教員が個別に教育活動に取り組むのではなく，校長のリーダーシップの下，学校のマネジメントを強化し組織として教育活動に取り組む体制を創り上げるとともに，必要な指導体制「チーム学校」を整備することによって，教育活動を充実していくことが提言された。校長が教職員一人一人の専門性を発揮させ，専門スタッフ等の参画を得て，教育活動を充実することが明示されたのである。

2　特別支援学校の特性・固有性

（1）特別支援学校の特性

　前述したような組織マネジメントを特別支援学校で考えるためには，特別支援学校の特性や固有性を踏まえる必要がある。特別支援学校は，視覚障害，聴覚障害，知的障害，肢体不自由，病弱のある児童生徒等を対象とするが，それぞれの障害種のみを対象とする学校，複数の障害種を対象とする学校と様々である。加えて，特別支援学校には，他の小中学校等とは異なる以下のような特性や固有性がある（資料5-1）。小中学校等と同様に教員の年齢構成がふたこぶラクダ，ダンベル型でミドル層が少ないことに加えて，各特別支援学校によって異なるが，障害種に応じた専門性や大規模による教職員間の連携の困難さなど，特有の課題も多い。

資料5-1　特別支援学校の特性・固有性

```
・幼児から高校生を対象
・児童生徒の障害は多様で，程度も幅広い
・そのために多様な教育課程が存在
・障害種に応じた専門性が求められる
・教職員の経験により障害観・指導観が異なる
・学区域が広域で地域との連携が多様
・教職員が多職種
・多岐にわたる関係機関
・センター的機能
・大規模化による狭隘化
・高い講師比率
```

（出所）筆者作成。

（2）部主事の存在

　特別支援学校には，幼稚部，小学部，中学部，高等部の「部」があり，その部のマネジメントを行うリーダーとして主事が存在する。学校教育法施行規則第125条で，「特別支援学校には，各部に主事を置くことができる。主事は，その部に属する教諭等をもって，これに充てる。校長の監督を受け，部に関する

資料5-2　特別支援学校の校務分掌組織

（出所）筆者作成。

校務をつかさどる。」と記載されている。各部の主事（以下，部主事[1]）は，校長や教頭と連携調整しつつ，部を経営し，所属の教職員の指導助言も担う。また，部主事は，校務分掌を担当し，分掌長の相談相手となっている。さらに，担当の校務分掌以外の業務であっても，学部内の分掌に係る計画実行にはその担当者から相談を受けることもある。部主事は，部と分掌の重層構造となっている組織構造での要の存在であり，特別支援学校では実質的なミドルリーダーといえる。

　資料5-2に，特別支援学校の組織を示した。小中学校等と同様，企画委員会や運営委員会（以下，企画委員会）や各種委員会があるが，これとは別に，特別支援学校には，学校運営のための組織として，校長，副校長，教頭，部主事，教務主任，事務（部）長等の幹部職員からなる主事会がある。学校によって異なるが，週に1回程度定期的に，学校運営に関わる懸案事項の検討や課題への対応，予算の管理，各部での様々な行事や取組の説明・相談，児童生徒等や教職員に関する情報の伝達・共有等，多岐に渡る重要事項について審議決定されている。部主事は，各部における教育活動の計画や実施状況，課題への対応等を説明報告し，校長は，組織やラインを活用して，各部の運営状況を把握

し，学校全体をマネジメントしている。

3　特別支援学校における組織マネジメントの課題と改善の考え方

（1）組織マネジメントの課題

　平澤ら（2019）は，「特別支援学校の学校経営と校長の特別支援学校の免許や経験に関する全国悉皆調査」を実施し，多くの校長が，学校経営の困難として「教職員指導や育成」，「障害特性に応じた教育」を回答していた。また，令和元年に全国特別支援学校長会が行った校長を対象としたアンケート調査（全国特別支援学校長会，2020）では，多くの校長が，学校経営の柱として「主体的・対話的で深い学びの実現」，「障害の特性等に応じた指導上の配慮の充実」を挙げており，また昨今の教育課題への対応として「ミドルリーダーの育成等の人材育成」が必要であるとし，さらには教員の専門性として「障害特性に応じた指導力」，「障害特性の理解力」が重要であると回答している。

　一方，大内（2013）は，「特別支援学校における学校マネジメントと校長のリーダーシップの在り方に関する研究」の中で，全国の特別支援学校長へのアンケート調査から，多くの校長が，学校マネジメントの実情として，学校のミッション・ビジョンを遂行するような校内組織体制については，まだ十分でないとする自己評価が多く，校内組織の改善に向けて課題があると回答したことを明らかにしている。また，約半数の校長が特別支援学校に次のような特有の学校マネジメントがあるという回答を得ている。

　　・多様な職種がかかわっている
　　・医療的ケアや防災などのリスクマネジメントで特有な側面がある
　　・地域社会や関係機関との連携や協働においてもセンター的機能や個別の
　　　教育支援計画の策定など小中学校とは異なった側面がある
　　・学校の大規模化において，教員間の情報の共有や共通理解が大きな課題
　　　になっている
　　・複数担当という教員間の連携が求められる

・障害種等に応じた病理生理，心理発達理解，指導方法や内容の理解等が
　求められる
・保護者の理解協力が重要である。

　以上のことから，特別支援学校の組織マネジメントにおいて，障害特性に応
じた教育とそのための指導力の向上，人材育成をいかに体制組織として進めて
いくかが課題となっているといえる。

（2）組織マネジメントの改善の考え方

　前述の研究（大内，2013）の中で，学校が組織として力を発揮するためのマ
ネジメントについて，校長が工夫していることの上位3つは，「情報の発信」
で校長のビジョンを教職員へ浸透すること，次いで「組織やラインの活用」で
教頭や部主事，分掌主任等を通して実践し，進捗状況を把握しようとすること，
3つ目は「教職員との良好な人間関係の構築」でコミュニケーションや人間関
係を重視することであった。
　また，近年，学校に協働性を生み出し組織力を高めるミドル・アップ・マネ
ジメントが注目され，学校組織マネジメント研修（文部科学省，2005）でも紹介
されている（資料5-3）。北林（2018，173-178頁）は，ミドル・アップ・マネジ
メントについて，目標達成のために大きな役割を果たすマネジメントのことを
言い，トップダウンとボトムアップの欠点を補うという点で優れたマネジメン
トであると述べている。この時に大きな役割を果たすのがミドルリーダーであ
る。特別支援学校においては，ミドルリーダーとなる部主事や分掌長，主任は
校長・教頭と教職員をつなぐ役割となり，校長から提示された学校ビジョンを
教職員に浸透するよう説明し，教育ビジョンが実現できるように具体的な方略
や手立てを話し合うことで，協働性を推進しながら教育活動を展開することが
できる。ミドルリーダーがリーダーシップを発揮することで，障害に応じた教
育が推進されるとともに，結果的に教職員の人材育成につながると考えられる。
　一方，マネジメントそのものがもつ課題に関して，篠原（2012，12頁）は，

資料5-3　ミドル・アップ・マネジメント

トップ（管理職）

抽象的な戦略
方向提示

現場情報やアクションの結果
獲得したアイデアの収集

ミドル（主任クラス）

内外情報の意味解釈と
具体的なシナリオ提示

現場情報の収集と知恵の蓄積

第一線（教職員）

（出所）文部科学省（2005）「学校組織マネジメント研修～すべての教職員
のために～（モデル・カリキュラム）」0-1-13頁。

「学校改善のマネジメント課題は，①教師集団の学校改善への内発的動機付け
をどのように喚起するか。さらにそれを単にパーソナルな次元に留めず，②
教師集団の学校改善意識の共有化と協働化により，どのように組織的次元に展
開させるか。そのために，③学校改善のリーダー・ファシリテーターの位置
づけを明確にし，④学校改善の組織化（仕組み）を条件整備すること，にあ
る。」と述べている。

　チーム・ティーチングで授業が行われることが多い特別支援学校において，
教師集団としてチームで取り組む土壌はある。しかしながら，チームによって
は同調的職場風土（資料5-4）で教育活動が展開されていることもある。提案
された計画に対し，その際，少々疑問があっても事なかれ主義的に改善しよう
としない。計画を受け入れる同調的職場風土を協働的職場風土に変えて，学校
全体として改善意識の共有化が必要である。この共有化にはファシリテーター
の存在とリーダーシップを発揮する組織・仕組み作りが不可欠であるが，佐
古・宮根（2011）のコア・システムを援用することができる。

　佐古は，学校の内発的改善力を高めるために協働化を推進するための組織体
制に関する基本モデルとして，児童生徒の実態と課題，実践とその成果に関す
る情報の交換と共有を行う場（機会）を，学校の「コア・システム」（学校の

資料 5 - 4　学校の組織風土

同調的職場風土	協働的職場風土
・和を大切にするあまり自分の考えを言いにくい。 ・プライベートな面では仲間意識はあるが校務分掌の仕事では議論はしない。 ・目立った行動や意見に注意すれば居心地がよい。 ・職員会議は一部の人の意見でまとまる。	・みんなが協力して頑張るので自分も意欲が持てる。 ・一人一人の意見や個性が大切にされている。 ・校務分掌に関して腹を割って議論ができる。 ・何か困ったときに同僚から支援を得る。

（出所）渕上克義・松本ルリ子「教授組織の改革を通した学校改善過程に関する研究事例」『日本教育経営学会紀要』第46巻，189-197頁。

中核的体系＝すなわち協働化を実現する場）として位置付け，交換され検討された結果を整理集約して，教員にフィードバックすることを提案している。その際，コア・システムを機能させるためには，以下のことが必要とされている。

　　・協働のための目的や目標が共有されていること
　　・教職員間でコミュニケーションが円滑に展開され，信頼関係が構築されていること
　　・役割と協働が意識されていること

4　特別支援学校における組織マネジメントモデル

■ミドルリーダーを活用した組織マネジメントモデル

　特別支援学校において「障害特性に応じた教育」や「教職員指導や育成」，「ミドルリーダーの育成等の人材育成」を解決するためには，ミドルリーダーの活用が鍵となる。前述のミドル・アップ・マネジメント及び佐古を援用した組織マネジメントモデルを提案する。

　特別支援学校においても，資料 5 - 5 のように，学年会をコア・システムに位置付けることができる。① 児童生徒の実態に関する認識の共有（A），② 学習課題と目標の設定と共有（P），③ 授業内容と方法の検討，準備と実践（D），④ 実践の検証，改善，フィードバック（C・A）の手順で教育活動を展開させ

資料5-5　特別支援学校における組織マネジメントモデル

1　学年会にて 　①児童生徒の実態に関する認識の共有（A） 　②学習課題と目標の設定と共有（P） 　③授業内容と方法の検討，準備と実践（D） 　④実践の検証，改善，フィードバック（C・A） 2　主任会にて 　⑤①から④の整理集約 3　部会にて 　⑥⑤整理集約の紹介 4　主事会にて 　⑦⑥整理集約の報告 　⑧⑦を学校全体への拡大	分担と協働	ミドルリーダーの活躍・ファシリテーター・リーダーシップ
		実践を交流し，学年，部を越えて拡大
		チームとして組織として授業改善・学校改善しているかどうかをフィードバック

（出所）筆者作成。

る。この時，学年主任や所属している分掌長のミドルリーダーは，各教員が自分の意見を述べられるよう，また，分担と協働が図られるようファシリテーターの役割を担う。各学年会で情報交換され検討された結果を主任会で整理集約して，部会でフィードバックすることで協働するプロセスを促進することができる。ただし，この時，部主事や主任がそのプロセスが機能するようにファシリテーターの役割を担っていくことが必要である。分掌長はミドルリーダーとして，自己の分掌業務以外の授業や児童生徒の対応や支援についても積極的に関与する。また，部主事は各学年での取組が機能するように主任のよき相談相手となり調整していく。加えて，主事会で各部の状況を把握することで校長・教頭は部主事をサポートするとともに，実践事例が部を越えて他の部にも拡がるよう働きかける。結果的にこの仕組みでの取組を通じて，授業や教育活動が改善されるとともに教職員の育成及びミドルリーダーの職能開発にも寄与することにつながる。

　ただし，この前提として，年度当初に校長は学校ビジョンや方針を企画委員会や職員会議で説明するとともに，期首面談等を利用して個々の教員と意見交流する中で，部主事や主任等ミドルリーダーは学校ビジョンや方針に対する理解を深め，それぞれの役割を果たしていくことになる。教育目標や学校ビジョ

ンの達成に積極的に関わることで，学校経営に関するモチベーションを高め，キャリアアップにもつながっていくと考える。

　実践の一例を紹介する。

　校長は，企画委員会，職員会議で教育ビジョンと方針を説明したあと，授業改善や働き方改革に関連させて，次のように組織マネジメントが機能するように働きかけた。授業がチーム・ティーチングで行われることが多いが，その場合，主担当になると授業計画から教材準備までその教員が行っていることが多く見られる。夜遅くまで残っている理由を尋ねると，授業で使う教材を準備していると答えた先生が何人もいた。チームで授業のねらいやコンセプト，授業内容・方法を共有することで，教材も分担して準備できると考える。"分担と協働"をキーワードにしたい。これは分担してもその進捗状況をフィードバックし，場合によっては手伝うこともありで，協働である。フィードバックが増えればコミュニケーションも自然に増え，お互いを理解し合い，風通しがよくなってチームアプローチで教育活動を展開することがさらに推進される。敢えて物申さなければ居心地のよい職場となるが，そこには進展がない。「同調的職場風土」になりがちであることが指摘されているが，「協働的職場風土」を目指したい。その際，分掌長や主任のミドルリーダーには，分掌業務だけではなく，積極的に分担と協働の授業づくりに関与してほしい。その中で，先生方が教え合い，学び合う場面が出てくる。当然，教えてもらったら感謝することになり，教えた側も感謝されれば役に立ったと嬉しい気持ちになる。児童生徒たちが主体的に授業に取り組み，授業が改善されれば，こんな嬉しいことはないのではないか。ミドルリーダーは，何をどうすることで授業が改善しているかを明確にし，教育活動が充実するようにファシリテートしてほしい。部主事は学年グループでのこれらの実践を主任会で整理集約し，それを部会で紹介，フィードバックする。参考になることを各学年でも取り入れることで，部全体に拡がり，各部の実践は，部を越えて紹介されることで学校全体に拡がると考える。

　小学部では，学年主任から授業についての情報提供があり，担当教師が部会

で実践した授業について，ねらいや授業内容，使用した教材，児童の様子等を報告した。他学年の教員は，その説明した教員に授業計画や使用した教材について詳しく尋ね，その後の自分の授業の参考にした。また，他害行動のある児童についての対応や指導について，その担任教師が学部会で説明したりした。部主事は他学年の取組を参考にした実践事例を部会で説明するとともに主事会で報告した。ミドルリーダーの役割と“分担と協働”がチーム・ティーチングの中で機能しているかを確認し，校長はさらに全学部に拡がるように主事会で申し合わせた。

　校長がミドルリーダーを育て，ミドルリーダーがさらに下位部門のリーダーを育てるという「リーダーシップの連鎖」が必要とされる（露口，2012，41-42頁）。これらミドルリーダーを活用した営みを通じて，障害特性に応じた教育を推進し，教職員やミドルリーダーの人材育成にも寄与できると考えられる。

注
⑴　部主事は，法令上は教務主任と同様に学校設置者が教諭をもって充てる職であり，管理職ではない。しかし，自治体によっては管理職の扱いをしている場合もある。

引用・参考文献

大内進（2013）「特別支援学校における学校マネジメントと校長のリーダーシップの在り方に関する研究」『平成23年度〜24年度研究成果報告書』独立行政法人国立総合特別支援教育総合研究所，1-156頁。

北林敬（2018）「学校組織マネジメントと校長の役割——目標設定と人材育成」『東京福祉大学・大学院紀要』8(2)，173-178頁。

佐古秀一・宮根修（2011）「学校における内発的改善力を高めるための組織開発（学校組織開発）の展開と類型——価値的目標生成型の学校組織開発の展開を踏まえて」『鳴門教育大学研究紀要』26，128-143頁。

篠原清昭（2012）「学校改善の課題」篠原清昭編著『学校改善マネジメント』ミネルヴァ書房，3-18頁。

全国特別支援学校長会・全国特別支援教育推進連盟（2020）「特別支援学校における学校経営上の問題点の把握と課題解決への方策等の検討」『特別支援教育論文集

——令和元年度特別支援教育研究助成事業』(2020年11月3日アクセス)。

中央教育審議会（1998）「今後の地方教育行政の在り方について（答申）」(2020年11月21日アクセス)。

中央教育審議会（2012）「教職生活の全体を通じた教員の資質能力の総合的向上方策について（答申）」(2020年11月21日アクセス)。

中央教育審議会（2015）「チームとしての学校の在り方と今後の改善方策について（答申）」(2020年11月21日アクセス)。

露口健司（2012）「学校改善のリーダーシップ」篠原清昭編著『学校改善マネジメント』ミネルヴァ書房，41-59頁。

平澤紀子・篠原清昭・坂本裕・出口和弘（2019）「特別支援学校の学校経営と校長の特別支援学校の免許や経験に関する全国悉皆調査」『発達障害研究』41(3)，236-245頁。

文部科学省（2004）「学校組織マネジメント研修——これからの校長・教頭等のために——（モデル・カリキュラム）」『マネジメント研修カリキュラム等開発会議』資料（2020年11月23日アクセス）。

文部科学省（2005）「学校組織マネジメント研修～すべての教職員のために～（モデル・カリキュラム）」『マネジメント研修カリキュラム等開発会議』資料（2020年11月23日アクセス）。

文部科学省（2005）「学校組織マネジメント研修——すべての事務職員のために——（モデル・カリキュラム）」『マネジメント研修カリキュラム等開発会議』資料（2020年11月23日アクセス）。

（澤田秀俊）

第6章

特別支援学校における危機管理

　　　学校には，自然災害や人的災害等様々なリスクが潜んでおり，児童生
　　徒等の命を守り切るためには，それらに対して組織的にしっかり備えて
　　おかなければならない。とりわけ障害のある児童生徒等の通う特別支援
　　学校においては，小中学校等以上にリスクも多様化しているため，一層
　　の備えが必要である。本章では，一般的な危機管理から特別支援学校特
　　有の危機管理について考えていきたい。

1　学校に潜む様々なリスク

　一昔前は，"学校は安全な場所である"といった『学校安全神話』が広く世
の中に存在していたが，もはやそれは過去のものであると言わざるを得ない。
本当は，元々安全な場所ではなく，たまたま大事件や大災害に遭わなかった，
もしくは大きく世の中に取り上げられなかっただけかもしれない。

　実際，多くの児童生徒等や教職員が狭い空間で同じ時間を共有する学校は，
ひとたび何かが起これば，大災害になってしまうもろさをもっている場所であ
る。大阪教育大学附属池田小学校児童殺傷事件，大川小学校を襲った津波によ
る大惨事は記憶に新しい。大惨事と言わないまでも，毎日が，児童生徒等の怪
我や感染症等とも常に隣り合わせである。本稿執筆中の現在，新型コロナウィ
ルス感染症が猛威を振るっているが，学校に感染症を持ち込まないための対応，
万が一，児童生徒等や教職員に感染者が出てしまった時の対応等，まさに全て
の学校がこの危機に対して，全力で対応しているところである。

　また多くの教職員が働き，極めて重要な個人情報を扱い，比較的自由に不特

資料 6-1　学校に潜むリスクの一例

カテゴリー	具 体 例
自然災害	大雨（洪水），暴風雨（台風），土砂災害，大雪，落雷，地震，津波，竜巻，火山噴火，熱中症　等
人的災害	火災，放射能汚染，大規模テロ，弾道ミサイル　等
犯罪等	不審者，連れ去り，SNS，犯行予告　等
怪我・病気	校内での事故，水難，交通事故（スクールバス，児童生徒，職員），医療的ケア，摂食指導（誤嚥），異物誤飲，感染症，食中毒，基礎疾患，アレルギー　等
不祥事	個人情報の紛失・流出，職員の不祥事（体罰，交通事故，飲酒運転，猥褻行為，パワハラ，セクハラ，不適切な公金の支出入　等）　等
その他	いじめ，校内暴力，保護者対応，クレーム対応，児童虐待，児童生徒の捜索，建物修繕の不備，（避難所運営）　等

（出所）筆者作成。

定多数の人間が出入りできる学校は，災害以外にも多くのリスクを抱えている。とりわけ特別支援学校においては，児童生徒等の障害特性に基づくリスクもあり，よりきめ細かな対応が必要である。

　特別支援学校特有のリスクも含め，その一例を資料 6-1 のようにまとめてみた。

　これら様々なリスクは，自然に起因するリスクと人や物に起因するリスクに分けることもできるし，児童生徒等の安全面にかかるリスクと不祥事等教職員の服務面でのリスクに分けることもできる。また事前にある程度発生が予想できるものとそうでないものに分けることもできる。起因するものや発生の予測の可否等が異なれば，その対処方法等も当然異なるが，いずれにしろ，学校としてはあらゆるリスクを想定し，前もって，それらを未然に防ぐと同時に，残念ながらそれらが起こってしまった場合の対処方法を考えておくことで，円滑な学校運営ができると考える。

2 学校における危機管理

　まずは，学校における危機管理について，法的根拠をもとに考えてみたい。

　学校保健安全法（平成21年4月1日施行）の第1条には，学校における教育活動が安全な環境において実施され，児童生徒等の安全の確保が図られるようにしなければならないことが述べられている。そして，27条では，学校安全計画の策定等について，28条では，学校環境の安全の確保について，第29条では，危険等発生時において当該学校の教職員がとるべき措置の具体的内容及び手順を定めた対処要領を作成すること，つまり危機管理マニュアルの作成であり，学校として，平常時より危機管理に関して，備えておかなければならない根拠となっている。

資料6−2　学校保健安全法（平成21年4月1日施行）（抜粋）

第1条（目的）
　　この法律は，学校における児童生徒等及び職員の健康の保持増進を図るため，学校における保健管理に関し必要な事項を定めるとともに，学校における教育活動が安全な環境において実施され，児童生徒等の安全の確保が図られるよう，学校における安全管理に関し必要な事項を定め，もって学校教育の円滑な実施とその成果の確保に資することを目的とする。
第27条（学校安全計画の策定等）
　　学校においては，児童生徒等の安全の確保を図るため，当該学校の施設及び設備の安全点検，児童生徒等に対する通学を含めた学校生活その他の日常生活における安全に関する指導，職員の研修その他学校における安全に関する事項について計画を策定し，これを実施しなければならない。
第28条（学校環境の安全の確保）
　　校長は，当該学校の施設又は設備について，児童生徒等の安全の確保を図る上で支障となる事項があると認めた場合には，遅滞なく，その改善を図るために必要な措置を講じ，又は当該措置を講ずることができないときは，当該学校の設置者に対し，その旨を申し出るものとする。
第29条（危険等発生時対処要領の作成等）
　　学校においては，児童生徒等の安全の確保を図るため，当該学校の実情に応じて，危険等発生時において当該学校の職員がとるべき措置の具体的内容及び手順を定めた対処要領（次項において「危険等発生時対処要領」という。）を作成するものとする。
　2　〜略〜　　3　〜略〜

学校における危機管理について，文部科学省は，「学校の危機管理マニュアル　作成の手引き，2018」の中で，危機管理を次の三つの段階に整理している。

　　・事前の危機管理（事故等の発生を予防する観点）
　　・個別の危機管理（事故等が発生した際に被害を最小限に抑える観点）
　　・事後の危機管理（緊急的な対応が一定程度終わり，復旧・復興する観点）

　また広島県教育委員会では，文言は多少異なるが，同様に「平常時から安全な環境を整備するとともに，敏感に危険を察知し，事件・事故を未然に防ぐための「事前の危機管理」，発生時に適切かつ迅速に判断・対処し，被害を最小限に抑えるための「発生時の危機管理」，心のケアや再発防止を図る「事後の危機管理」の三段階の危機管理に対応して，安全管理と安全教育の両面から取組を行うことが重要である。」と整理している（広島県教育委員会，2019）。

　また瓦井千尋は，以下のように述べている（瓦井，2018）。

　　① 危機管理（リスクマネジメント）とは，「発生する可能性のある事件・事故そのものを予防するとともに，万が一発生した場合，被害を最小限に食い止めるための措置。予防措置とも言う。」
　　② 危機管理（クライシスマネジメント）とは，「起こってしまった事件や事故の善後策（後始末）に関する措置。事後措置とも言う。」

　この① 危機管理と② 危機管理を合わせた，多岐にわたる事象が広義の「危機管理」と捉えられている。

　学校においては，瓦井の言う広義の「危機管理」を取り扱うことになるが，まずもって危機的状況を回避するリスクマネジメントに務め，万が一起きてしまった場合にも，児童生徒等が安心安全な日常を取り戻せるよう，事前にその際の対処方法等を準備し，備えておかなければならない。

3　危機管理の目的

（1）児童生徒等の安心安全な学校生活を守るため

　学校は，児童生徒等にとって勉強だけでなく，様々なルールや人とのコミュニケーション等多くのことを学ぶ場であり，言うなれば"社会"そのものである。その"社会"が安心安全に過ごせる場であってこそ，児童生徒等は様々な力を獲得でき，またその力を発揮することができるのである。

（2）学校が保護者や地域社会から信頼されるため

　小学校学習指導要領（平成29年 3 月　告示）及び中学校学習指導要領（平成29年 3 月　告示）「第 1 章　総則　第 5 節　学校運営上の留意事項」には，「学校がその目的を達成するため，学校や地域の実態等に応じ，教育活動の実施に必要な人的又は物的な体制を家庭や地域の人々の協力を得ながら整えるなど，家庭や地域社会との連携及び協働を深めること。…（略）…」とある。また特別支援学校小学部・中学部学習指導要領（平成29年 4 月告示）にも同様の記述がある。そのためには，まずは，危機管理がしっかりとしており，家庭から安心して子どもを任せられる学校，地域社会から信頼される，地域に根差した学校である必要がある。

（3）教職員が心身共に健康で働くため

　学校は，児童生徒等にとっては多くのことを学ぶ場であるが，同時に教職員にとっては，職場であり，自己実現を図る場でもある。教職員が安心して働ける環境であることは，児童生徒等の教育に対して専念することができ，ひいては，児童生徒等の教育の充実につながることになる。例えば，学校には非常に多くの個人情報が存在し，それを日常的に取り扱うが，その運用ルールを，前もってしっかり定めておくことで，紛失や漏洩を未然に防ぐことができ，教職員も安心して職務に当たることができるであろう。

（4）災害等が発生した場合の被害を最小限に食い止めるため

　多くの災害等は，発生そのものを想定することはできるが，発生時間までを予測することは難しい。台風等概ね発生が予測できる場合は，前もって，準備している避難マニュアルに沿ってその場から避難する等危険を回避する行動がとれるが，予測できない場合は，突然災害等が身に降りかかってくることになる。しかし，前もって災害等発生時の対処方法を予め備えておくことで，迅速に対応ができ，被害も最小限に食い止めることができる。例えば，学校でよく行われる「シェイクアウト訓練」と「一斉防災訓練」も，地震発生時の初期対応を繰り返し練習しておくことで，落下物から身を守るための習慣が身に付き，地震は起きても，被害は少なくすることができるであろう。

（5）平常の学校生活をいち早く取り戻すため

　災害等が発生した後，学校が再開できるように，例えば浸水で汚れた教室や机等の物品の消毒をする，使えなくなったものを廃棄するといった物理的な準備が必要なことは言うまでもないが，それと同時に心理面でのケアが必要となってくる。

　児童生徒等は，今まで経験したことのないような甚大な自然災害等による強烈なショック体験，強い精神的ストレスにより，こころのダメージとなって，後になっても強い恐怖が感じられるPTSD（心的外傷後ストレス障害）の状態に陥ることがある。近藤によると，PTSDの発症率は30％から50％以上といわれ，かなりの高率といえるとの報告がある（学校災害対応ハンドブック編集委員会，2011）。そのため，PTSDを未然に防ぐため，また災害直後の精神的不安定な児童生徒等の心の安定のため，スクールカウンセラー等との連携の在り方を前もって構築しておく必要がある。

　また児童生徒等だけでなく教職員の心のケアも重要となる。学校が被災しただけでなく，大規模災害であれば，職員自らが被災することも考えられる。また教職員は，災害等直後から，学校再開に向けて不慣れな業務が続くだけでなく，場合によっては，避難所としての業務にあたらなければならないことも考

えられ，大きなストレスになることも容易に想像できる。そのために，各教育委員会の人事担当課，福利厚生担当課等とも連携を深め，前もって対策を講じておくことが大切である。

（6）事件や事故を未然に防いだり，再発を防止したりするため

　近年の異常気象による自然災害や，児童生徒等を巻き込んだ様々な事件等について，想像をはるかに超えたようなニュースを目にする機会がある。しかしこれらは現実に起きたことであり，いつどこで起きても不思議ではないことである。

　そのため，もし自分の学校で同様なことが起きたらどうしたらよいか，起きないようにするにはどうしたらよいか事前に想定しておくことが大切である。

　また不幸にもそれらが自校で起きてしまった場合，二度と同じことを繰り返さないように，どこに問題があったのかをしっかり検証し，対策を講じておかなければならない。

4　危機管理において重要なこと

　危機管理については，「2　学校における危機管理」で述べた通り，事前，発生時，事後の対応があるが，それぞれの段階で，特に重要なことについて述べていきたい。

（1）事前の想定：様々なケースを想定し，平常時から備えておくこと

　学校における危機管理として，資料6-1「学校に潜むリスクの一例」として示したとおり，様々な備えをしておきたいリスクがある。その中には，医療的ケアの対応のように日常的に，危機意識をもって対応しなければならないことや大雨（洪水）や暴風雨（台風）等，ほぼ必ず毎年複数回対応しなければならないことがある。一方，大規模テロや犯行予告等，"あるかもしれない，もしあったら"という観点で万が一に備え，前もって対応しておきたいこともあ

る。近年の自然災害でも，土砂災害警戒区域以外の場所で，土砂災害が起きたり，自治体のハザードマップで安全と指定された区域でも浸水が起きたりと想定を超える災害も起きている。そのため，“想定外をも想定する”というくらい様々なリスクを想定した上での学校安全計画の策定が必要である。

　その想定の中では，事案発生時の教職員の動き，児童生徒等の避難方法，保護者への引き渡し方法の他，学校に待機しなければならない場合に備え，待機場所の想定，その際の学校備蓄品，個人の食料等備蓄品の管理，非常持ち出し袋（重要書類）の管理方法，教職員の研修等，前もって体制整備をしておくことが重要である。

　また，校内や通学路・スクールバス経路の危険個所の点検，児童生徒等の登下校の見守りや学校が避難所になることを想定しての地域との連携，児童生徒等の在宅時の災害発生を想定しての安否確認等の家庭との連携方法等準備しておく必要もある。

　そして何よりも，訓練や授業を含めた学校生活全体をとおした安全教育の中で，日頃より児童生徒等一人一人の安全意識を高めておくことが重要である。

（2）発生時の対応：共通理解に基づいた迅速な対応

　学校において，災害や事件・事故等を未然に防ぐことはいうまでもないが，万が一起きてしまった場合，一番大切なことは，迅速な初期対応で，被害を最小限にすることである。

　あらかじめ想定された対応マニュアルに沿って，教職員の共通理解のもと，迅速に対応することが必要だが，マニュアルが効果的に生かされるよう，日頃から訓練等をして，シミュレーションしておくことは重要である。事案発生時には，個々の判断が求められることも当然あるものの，原則組織的な対応が基本であり，そのためには，管理職への正確な連絡が不可欠である。管理職は，できる限り迅速に，所管する教育委員会に報告をしたい。

　その他の留意点として，できる限り時系列で記録しておくことが大切である。例えば，児童生徒等の体調の急変やてんかん発作にかかる緊急搬送時では，救

急車が到着するまで，校内で可能な限りのケアをすることはいうまでもないが，同時に，血圧，SpO$_2$（酸素飽和濃度），脈拍数，状態の変化等を記録し，スムーズに医療機関につなぐことが何よりも重要である。

　また後にも述べるが，事案によっては，保護者説明会や記者会見が必要となるケースもある。そのためにも，可能であれば，正確に記録は残しておきたい。

危機管理の「さ・し・す・せ・そ」

さ……最悪を想定して　　し……慎重に　　す……素早く

せ……誠意をもって　　そ……組織的に

（3）事後処理

　「第3節　危機管理の目的」で述べた通り，災害等事案発生後は，児童生徒等の安全確保，心のケアが最も重要であるが，その他必要な対応について触れおきたい。

1）マスコミへの対応

　例えば，個人情報の紛失，教職員の不祥事，校内における事故等が発生した場合，大概は記者会見を行うことになる。その際は，所管する教育委員会が中心となり，会見を開くことが多いと思われるが，ここで大切なことは，「……だと思う」などの曖昧な回答は誤解を招きかねないため，不確かな情報は伝えず，事実を正しく伝えることである。そのためにも，教育委員会とは綿密な連携をとり，想定される質問に対する想定Q&Aを作成しておくことが大切である。

　また学校への電話取材や「ぶら下がり取材」等に備え，対外的な窓口を副校長，教頭等の管理職に一本化しておきたい。

2）保護者への報告や説明

　自分の子どもが通う学校で，危機管理に関わるようなことが起きれば，当然保護者は心配になる。可能な限り，迅速に事実や今後の対応を伝えていくこと

は大切なことである。メールによる連絡，書面による報告で済む場合もあれば，必要に応じて保護者説明会を実施しなければいけないこともある。当然，保護者からは詳しい内容を求められることになるが，例えば，その事案が個人に関わる内容であればあるほど，提供してよいこととそうでないことをしっかりと見極め，対応することが大切である。学校としては，児童生徒等や教職員の個人情報はしっかりと守っていかなければならない。

3）検証（学校安全計画の評価）・事後策

　危機管理に関する事案がひとたび起これば，学校は児童生徒等の安心安全の確保のために全力を尽くし，そして一刻も早く日常を取り戻すために努力しなければならない。これは当たり前のことであるが，大切なことはこれだけではなく，起こったことを教訓に，良かった点，改善点を洗い出し，それらをマニュアルに反映させたり，具体的に訓練の中に取り入れたりしていくなど改善していくことが重要である。

　また大事にまでは至らなかったケース，つまり「ヒヤリハット」で終わったケースは，そのままにしておくのではなく，なぜそれが起きたのか，次はどうすればよいのかなどについて，共通理解し，未然に防ぐ工夫をすることが必要である。

5　特別支援学校における危機管理——固有の課題とその対応

（1）特別支援学校における危機管理

　これまで，特別支援学校も含め一般論としての学校における危機管理を中心に述べてきたが，ここからは，特別支援学校ならではの危機管理についてもう少し掘り下げていきたい。第1節でも述べたとおり，特別支援学校も小中学校等も，基本的に，危機管理に対する考え方は同様であるが，障害のある児童生徒等が通う特別支援学校ならではの危機管理もある。その理由として，①多様な障害のある児童生徒等が在籍していること，②児童生徒等の障害名やそ

の状況に関することなど高度な個人情報を取り扱っていること，③一般的に，小中学校等に比べ教職員が多いこと，などが挙げられる。

（2）特別支援学校における障害別危機管理上の留意点：自然災害を中心に

　特別支援学校においては，その校種（障害種）を問わず，自然災害や情報セキュリティーに対する不安が高い一方，摂食指導や児童生徒等の行方不明等については，校種（障害種）によって差異が見られることは，冲中らの研究で明らかになっている（冲中・守屋・坂本・日比，2013，227頁）。また文部科学省の「学校の危機管理マニュアル作成の手引き（平成30年2月）」によると，特別支援学校等における留意点の中で，資料6-3，6-4のとおり「障害のある児童生徒等が事故発生時に陥りやすい支障」として5点が，また「障害のある児童生徒等の特性に応じた危機管理マニュアル作成時の留意点」4点が挙げられている。

　これら特別支援学校ならではの課題に対し，児童生徒等個々の障害特性に応じた細かな対応が不可欠であり，そのため主な障害ごとに危機管理上の留意点等を簡潔に述べていきたい。

　以上，障害のある児童生徒等が事故等の発生時に陥りやすい支障とそれに対応したマニュアル作成時の留意点を説明した。しかし，より重要なのは，児童生徒等の障害は多種多様であり，よりそれらの障害の特性に応じた個別な対応・支援が求められる点にある。

　そのため，以下にさらに詳しく個々の障害に対応した危機管理について説明する。

（3）児童生徒等の障害特性に応じた危機管理

1）視覚障害のある児童生徒等への対応

　視覚障害の場合，視覚からの情報収集が制限されるため，より迅速で，正確な聴覚等からの情報提供が必要である。例えば，大地震が起きた場合，今までの状態が一変してしまうため，児童生徒等にとっては，日頃よくわかっている教室や校舎内でさえ，移動には混乱が生じる。また落下物や転倒した様々な物

資料6-3　障害のある児童生徒等が事故等発生時に陥りやすい支障

情報の理解や意思表示	●情報の理解・判断に時間を要したり，できないことがある。 ●自分から意思を伝えることが困難なことがある。 ※全体への緊急情報伝達だけでは情報伝達漏れが生じやすく，視覚障害や聴覚障害では，障害に応じた情報伝達方法の配慮が必要である。また，知的障害のある児童生徒等には，個別に簡潔な指示を与える必要がある。
危険回避行動	●危険の認知が難しい場合がある。 ●臨機応変な対応が難しく，落下物等から逃げるなどの危険回避が遅れることがある。 ●風水害時の強風や濁流等に抗することが難しい。 ●危険回避しようと慌てて行動することがある。 ●けがなどをしても的確に訴えず，周囲が気付かないことがある。
避難行動	●落下物や転倒物，段差や傾斜により避難行動に支障が生じることがある（肢体不自由・視覚障害）。 ●エレベーターが使えない状況で，階下や屋上への避難に支障が生じることがある（肢体不自由）。
生活・生命維持	●薬や医療用具・機器がないと生命・生活の維持が難しい。 ●避難時の天候や気温によっては生命の危険がある。
非日常への適応	●経験したことのない場面や急激な環境の変化に，うまく対応できないことがある。 ●不安な気持ちが被災により増幅され，普段以上に感情のコントロールができなくなることがある。

（出所）「学校の危機管理マニュアル作成の手引き（平成30年2月）」

資料6-4　障害のある児童生徒等の特性に応じた危機管理マニュアル作成時の留意点

伝達方法の整備	●障害に応じた情報伝達方法を整備しておく。 例）聴覚障害：点滅灯，ディスプレイ，旗，手話，筆談，校内図など音声以外の伝達方法を検討しておく。
避難経路・避難体制の整備	●障害に応じた避難経路の整備，避難体制を検討しておく。 例）車椅子利用をする場合の経路を確認しておく。 例）肢体不自由：エレベーター等が動かない状況や介助者がいない場合等の代替方法を検討しておく。
避難訓練	障害に応じた避難訓練を実施する。 例）知的障害：訓練等を複数回行い経験を重ねたり，避難経路や取るべき行動が理解しやすい図などを準備したりすることで，事態を予測して落ち着いて行動できるようにしておく。
連携	●保護者・医療関係者と発生時の対応について事前に検討しておく。 例）病院内における学級：病院との連携方法等を検討しておく。

（出所）同上

が避難経路を塞いでしまうことが想像され，避難する上で大きな支障となる。
そのため，教職員が，何が起きたか，現状はどうなっているのか等について，
適切に児童生徒等に伝え，教職員による確実な避難誘導を行うとともに日頃の
備えが大変重要となる。様々なケースを想定し，複数の避難経路をあらかじめ
用意しておくことで，時々に応じた一番安全な経路を使って避難することがで
きるように備えておくことも有効であると考える。

2）聴覚障害のある児童生徒等への対応

　聴覚障害の場合，非常ベル，緊急地震速報，緊急放送といった一般的に音声
で非常事態を伝達する手段から情報を収集することが制限されるため，その他
の伝達手段を整備しておく必要がある。例えば，手話や筆談の他，電光掲示板，
回転灯等の音声による伝達方法以外の方法を前もって準備しておくことが必要
である。また昨今のスマートフォンの普及状況から，正しい活用方法を指導し
た上での，スマートフォンそのものの活用やスマートウォッチ等ウェアラブル
端末の活用も考えられる。

3）知的障害のある児童生徒等への対応

　知的障害の場合，一般的にその場の状況や与えられた情報を瞬時に判断し，
危険を察知することが苦手であるため，場に応じて臨機応変に危険回避の行動
をとることが難しい。そのため，いわゆる机上での学習（抽象的な学習）より
も，繰り返しの実体験を通して知識や技能を獲得していくことが優位であるた
め，想定されるリスクに対して，何度も訓練を重ね，見通しがもてるようにし
ておくことが大切である。また児童生徒等によっては，非常ベルの音等に恐怖
感を抱き，固まって動けなくなったり，パニックを起こして飛び出してしまっ
たりする児童生徒等もいる。訓練場面だけでなく，日頃より慣れるような取組
をしておくことも必要である。

　また実際の場面では，簡潔でわかりやすい言葉，絵や写真などを使った避難
指示などの工夫をすることで円滑な避難ができるようにすることも心がけたい。

4）肢体不自由のある児童生徒等への対応

　車いすを使用したり，クラッチや歩行器等を使用したりして歩行する児童生徒にとって，段差や障害物は移動の上で大変大きな妨げになる。日頃は邪魔にならない物であっても，地震等により倒れたり，散乱したりすることも想定し，日頃から，物が倒れないように固定をしておく，高い場所には物を置かない，廊下等の移動経路となる所には物を置かない等備えておくことが大切である。また肢体不自由に限ったことではないが，ガラスの飛散防止フィルムを貼るなどして，ガラスの散乱にも備えておきたい。

　学校においては，肢体不自由のある児童生徒等の教室は基本的に1階に配置されていることが多いが，特別教室への移動などで2階以上の階を使用することもある。そのため，地震や火災等でエレベーターが使えない場合の移動手段をどうするか等について，日頃から想定しておき，訓練を通して備えておくことは重要である。

5）病弱・医療的ケアのある児童生徒等への対応

　病弱児の中には，人工呼吸器を装着したり，痰の吸引を頻繁に行ったりする医療的ケアの必要な児童生徒等がいる。その対応については，学校に配置されている看護師の他，研修を受けた教員，場合によっては，保護者がケアを行うが，担任や教科担任等との連携は大変重要で，日頃よりその日の体調，持ち物，薬の置き場所等，誰もが把握できるような体制整備をしておくことが大切である。

　ひとたび災害や事件が起きたときであっても，平常時と同様なケアが必要不可欠であるため，ケアの内容を示した手順表，薬や衛生用品等必要なものをひとまとめにした非常持ち出し袋，人工呼吸器や痰等を吸引する吸引器，それらの予備のバッテリー等をいつでも持ち出せるような状況にしておくことが大切である。

　また避難が必要でない場合や逆に浸水等で避難できないことも想定し，医療機器の作動にも対応した非常用発電機を備えておくことも重要である。

6）その他・自閉症等発達障害のある児童生徒等への対応

　自閉症等発達障害の場合は，急な予定の変更や咄嗟の行動が，非常に苦手な者もいるため，事前の備えが必要である。また非常ベル等の音に過敏で，それが原因でパニックを起こしたりするケースもある。緊急事態時には，命を守ることが第一に優先されるため，やむを得ないこともあるが，その場合でも簡潔でわかりやすい指示を出したり，避難場所やルートを写真で示したりするなど，少しでもわかりやすい方法で伝える工夫をする必要がある。

　また避難訓練等を通して，危険回避の意味を理解させたり，またその方法に慣れるよう繰り返し取り組んだりすることで，万が一の時も，落ち着いて行動できるようにしておくことは重要である。

（4）特別支援学校における事案別危機管理上の留意点：自然災害以外

　ここでは，自然災害以外のその他の危機管理について，特別支援学校ならではの数例を取り上げて述べていきたい。

1）児童生徒等の捜索

　学校の管理下において，児童生徒等が一人で教室からいなくなり，校外に出てしまうことはあってはならないことであるが，特別支援学校においては，発達段階や障害特性等から，時として児童生徒等の捜索になってしまうことがある。

　そのためには，事前の備えとして，捜索訓練の実施が必要である。捜索用個人ファイルの作成，捜索隊の編成，捜索経路等，事前に想定した捜索方法で訓練を実施し，万が一に備えておくことが大切である。

　また実際捜索になってしまった場合，事前に組織された捜索体制によって，一刻も早く捜索に当たることが大切だが，その際，強力な援軍となるのが警察は当然ながら，タクシー，路線バス，電車等の運行会社である。運転手や駅員に捜索の状況が伝わることで，捜索範囲を広げることができ，早期の発見につなげることができる。そのためには，事前に協定を結んだり，依頼をしたりしておくなど，連携を取っておくことが重要である。

また当然ながら，児童生徒等の発見の後には，なぜ捜索になったのか，捜索方法は適切であったかなどについて検証し，改善点等を共通理解しておかなければならない。

2）摂 食 指 導

　肢体不自由特別支援学校を中心に，特別支援学校では，教職員が児童生徒等の食事介助をしていることがある。児童生徒等にとって，食事は大変楽しみである反面，危険もはらんでいる。食形態（ペースト，刻み食等），一口の量，姿勢等，その日の体調等によって，誤嚥を起こすことにもつながる。

　そのため，摂食指導の研修を積んでおくと同時に，前もって，主治医や保護者としっかり食形態等について確認しておくことが大切である。また場合によっては，言語聴覚士による訓練に同席したりすることも，安全に摂食指導をする上では有効である。筆者も以前，受け持つ生徒の VF 検査（嚥下造影検査）に立ち会う機会を得ることがあり，改めて摂食指導の難しさを学んだものである。

　また肢体不自由のない知的障害のある児童生徒等のなかには，よく嚙まずに，丸飲み込みをしてしまう場合も見られる。これらについても，窒息の危険があるため，注意が必要である。

　あってはならないことではあるが，万が一に備えて，緊急搬送の手順などもしっかりとマニュアルに定め，共通理解しておかなければいけない。

3）物の配置・管理

　特別支援学校には，様々な児童生徒等が在籍している。その中には車椅子や歩行器を使用したり，独歩であっても歩行が不安定だったりする児童生徒等もいる。そのため，段差の解消は言うまでもなく，物の配置等にも気をつけたい。例えば，車椅子の置き場所。専用のスペースがあることが望ましいが，児童生徒等の増加に伴い狭隘化している多くの学校においては，その確保が難しく，教室で使用しない車椅子を，やむを得ず廊下等に置くこともある。その場合で

あっても，他の児童生徒等の動線上に置かれていないこと，また万が一，誰かが不意につかまっても，車椅子が動くことのないよう固定されていることなど細心の注意が必要である。

　また服薬する薬，カッター等の刃物類等誤用をすると重大な事態を招きかねないものが日常的に取り扱われる。そのため，例えば薬であれば，児童生徒等が家庭から持参したらすぐに鍵のかかる場所に保管したり，刃物類であれば，同様に使うとき以外は鍵のかかる場所で保管したりする等が望ましい。危機管理意識を高くもち，前もって，危険回避をしておきたい。

4）個人情報の流出

　特別支援学校に在籍する児童生徒等と保護者の中には，名前や写真を含む全ての個人情報について，外部への公開を望まないケースがある。例え，それが競技会や展覧会で優秀な成績を修めた場合であっても，一切公表してほしくないという場合もある。そのため，入学と同時に，外部への公開については，写真，動画，作品，名前など個人情報の種類やその媒体（新聞，テレビ，学校の広報誌等）について，確認を取っておくことが大切である。

　新聞社やテレビ局などのマスコミが，学校行事等を取材することがあるが，その際は，例えば，公開を望まない児童生徒等には，目印のリボンを袖等に付けておき，そのことをマスコミ各社に周知徹底するなどして，予防しておくことは大切である。

　先にも述べたが，特別支援学校は小中学校等に比べ教職員も多く，大切な情報が共有されにくいことがある。そのため，公開を望まない児童生徒の個人情報を誤って公開してしまうことのないよう管理職が周知徹底しておきたい。

　また保護者の中には，学校祭や運動会で，頑張っている我が子の写真や動画をSNSに掲載し，皆に見てもらいたいという方もいる。しかし，その写真等に一切の個人情報の公開を望まない児童生徒等が映り込み，トラブルになることも想定されるため，学校行事の際には，「個人で楽しむ場合の撮影は差し支えないが，SNSへのアップなどはご遠慮いただきたい」旨のアナウンスを事

前にしておくことは，トラブル防止のためにも大切なポイントでもある。

5）感染症への対応

　冒頭にも述べたが，猛威を振るっている新型コロナ感染症に対して，全ての学校が，全力でその感染防止のために戦っている。小中学校等に比べ，罹患したら重症化するリスクの高い医療的ケアや基礎疾患のある児童生徒等が在籍する特別支援学校においては，その対応もより厳しく，綿密でなければならない。小中学校等でも行っている手洗いの徹底，マスクの着用，消毒，健康管理，三密回避等の対策は言うまでもないが，これらに加え，特別支援学校では，ハード（施設）面，ソフト（指導支援）面の双方において，学校に感染症を持ち込まないための対応，そして万が一，感染者が出てしまっても広げないための対応をあらかじめ想定し，対策しておくことが重要である。

　学校に感染症を持ち込まないための対応としては，例えば，登校時だけでなく，日に複数回の検温を実施するなどの児童生徒の健康管理の徹底や公共交通機関を利用する児童生徒等が校舎に入る前に更衣を行うためのスペースの設置等がある。また感染を広げないための対応としては，スクールバスの乗車人数を通常時の50％以下とし，密状態を防ぐためにスクールバスを増便したり，医療的ケアや基礎疾患のある児童生徒等とその他の児童生徒等の動線を分離したりする等の対策が，各校の状況に応じて取られている。

　新型コロナウィルス感染症については，今現在ワクチン接種が始まっているものの，まだまだ未知な部分も多く，完全な感染症対策は今のところ存在していない。そのために，でき得る全ての対策を想定し，実施することで，児童生徒等の命を守り切っていかなければならない。

6　特別支援学校における危機管理モデル

　特別支援学校におけるリスクは，資料6-5に示したように，2層構造で表すことができる。第1階層が，自然災害や怪我・病気等どの学校でも起こり得

資料6-5　特別支援学校の危機管理モデル

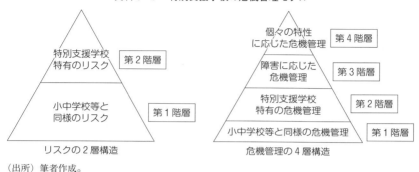

（出所）筆者作成。

る「小中学校等と同様のリスク」である。それに加え，第2階層として，医療
的ケア，摂食指導（誤嚥），児童生徒等の捜索等「特別支援学校特有のリスク」
がある。

　いずれの階層であっても，「小中学校等と同様の危機管理」に加え，特別支
援学校ならではの一層の対策を講じておく必要があり，それが資料6-5に示
した『危機管理の4層構造』である。

　第1階層が，「小中学校等と同様の危機管理」であり，第4節を中心に述べ
てきたことがそれにあたる。第2階層以上が，特別支援学校ならではの一層講
じるべき対策を示している。

　第2階層「特別支援学校特有の危機管理」とは，小中学校等の危機管理に，
特別支援学校固有の課題に対する危機管理の視点を加えたものである。特別支
援学校は，障害種別ごとに学校が設置される場合や複数の障害種に対応する学
校として設置される場合もある。在籍する児童生徒等は，幼稚園段階の年齢か
ら，高等学校段階やそれ以上の年齢であり，また居住する地域も広範囲にわた
っている。これらの，小中学校等とは異なる視点を考慮した上，危機管理の在
り方を考えていく必要がある。

　特別支援学校は，障害のある児童生徒等が学ぶ学校であるが，「障害」と一
言で言っても，視覚障害，聴覚障害，知的障害，肢体不自由，病弱では，児童

生徒等の状況が全く異なり，当然，その障害に応じた危機管理を考える必要がある。これが，第3階層「障害に応じた危機管理」であり，前節で障害毎の主な留意点を挙げておいたので参考にされたい。

　最後に，第4階層「個々の特性に応じた危機管理」である。障害種ごとに児童生徒等の状況が全く異なるだけでなく，同じ障害種であっても，個々によって，その状況も全く異なっている。例えば，知的障害のある児童生徒等と言っても，一人一人の実態は大きく異なり，口頭での指示理解ができる子もいれば，写真や絵カードが必要な子もいる。また肢体不自由や視覚障害等を併せ有している子等，実態は実に様々である。そのため，一人一人に応じた危機管理の考え方が必要であり，備えておかなければならない。特別支援学校においては，この視点を特に大切にしておきたい。

　以上のように，特別支援学校における危機管理の考え方は，小中学校等の危機管理に基づきながらも，障害特性や個々の児童生徒等の実態に応じて，より個別の対応が必要である。そのため，これらを個別の教育支援計画にしっかりと位置づけ，保護者や担任以外の教職員，関係者と共通理解してくことが重要である。

　児童生徒等にとって，学校は安心安全に過ごせる場でなければならない。安心安全であってこそ，多くの学びを得ることができるのである。

　本章で述べてきたように，危機管理の基本については，特別支援学校も小中学校等も何も違いはない。しかしながら，特別支援学校に勤務する管理職としては，より細かな配慮が必要であることや，小中学校等にはないリスクがあることを十分理解し，平常時から危機管理意識を持ち合わせていたい。その姿勢が，広く学校全体の危機管理意識を高めることにつながっていくと考えている。

引用・参考文献
　沖中紀男・守屋朋伸・坂本裕・日比暁（2013）「特別支援学校の危機管理対策に関する調査研究」『岐阜大学教育学部研究報告　人文科学』。
　瓦井千尋（2018）「学校における危機管理上の課題」『宇都宮大学教育学部教育実践紀要』5，647-650頁。

学校災害対応ハンドブック編集委員会（2011）『Q&A　学校災害対応ハンドブック』株式会社ぎょうせい，26-27頁。

埼玉県教育委員会　埼玉県高等学校安全教育研究会「学校安全点検の手引き」2010年1月。

齋藤歟能監修，渡邉正樹編著（2006）「学校安全と危機管理」大修館書店。

広島県教育委員会（2019）「平成31年広島県教育資料」『第4章　学校経営改革の推進』。

文部科学省（2017）「小学校学習指導要領（平成29年3月告示)」。

文部科学省（2017）「中学校学習指導要領（平成29年3月告示)」。

文部科学省（2017）「特別支援学校小学部・中学部学習指導要領（平成29年4月告示)」。

文部科学省（2018）「学校の危機管理マニュアル　作成の手引き」。

（松原勝己）

第7章

特別支援学校の授業開発

　特別支援学校においては，自校の児童生徒等の障害等に応じた教育内容や方法の標準がない。そうした中で，担任が個々に手探りで授業を開発しており，児童生徒等の生きる力を組織的に育成することにはなっていない。そこで，学校として標準となる授業開発モデルを作り，それを基に担任が担当する児童生徒が学びやすい授業を開発し，個々の児童生徒等に効果的な学習環境や支援の方法を明らかにすることが重要である。

1　授業開発とは

　わが国の公教育は教育基本法及び学校教育法その他の法令に基づき，全国一定の水準を保障するための学習指導要領を基に行われる。その中で，それぞれの時代に求められる生きる力を育むために，どのような教育内容をどのような授業時数で行うかという教育課程を編成し，授業として展開する。すなわち，学校教育における授業とは，学習指導要領に即した教育活動であるが，学校教育目標や児童生徒に応じて具体的な内容は異なる。そこに授業の開発や改善という考え方が必要となる。

　とくに平成29年度，30年度公示の学習指導要領においては，児童生徒に育成する資質・能力として「何ができるようになるか」が示されるとともに，その資質・能力を育成するための指導と評価の一体化が示された。具体的には，児童生徒が社会の急激な変化に対応していくために，知識や技能を習得するだけでなく，その知識や技能を活かして，人生や社会にかかわっていくことができるように，「知識・技能」，「思考・判断・表現」，「学びに向かう力，人間性」

資料7‐1　児童生徒に育成する資質・能力と授業開発

（出所）文部科学省（2020，5頁）を基に筆者作成。

という3つの柱が示された。そして，①「何ができるようになるか」という資質・能力を育成するために，②「何を学ぶか」を教育課程で編成し，さらに③「どのように学ぶか」を各授業で開発し，その授業を子どもにとっての主体的・対話的・深い学びという観点から改善し，学習評価を行うことが求められた（資料7‐1，文部科学省，2020）。

　すなわち，授業開発とは，自校の児童生徒の目指す姿の実現に向けた教育課程の編成とそのための組織運営の改善とも連動し，教育活動の質の向上を目指す包括的な枠組みとなっている（中央教育審議会，2019）。また，新たな時代に必要な生きる力を育成するために，社会に開かれた教育課程を編成し，カリキュラムマネジメントを通じて教科横断的に育成することを目指す。さらに，今後こうした教育を着実に進めるために，児童生徒の多様性を踏まえて，ICTを活用しながら，個に応じた学びを保障し，さらには協働的な学びを進める方向性が求められている（中央教育審議会，2021）。

2　特別支援学校における授業開発

（1）特別支援学校における授業開発の独自性

　児童生徒等が知識や技能を習得するだけでなく，その知識や技能を活かして，人生や社会に主体的にかかわっていくという今般の学習指導要領に示された資質・能力は，これまでも特別支援学校において生きる力の育成として取り組まれてきた。さらに，社会に開かれた教育課程でカリキュラムマネジメントを通じて生きる力を育成していくことは，特別支援学校において地域と連携した教育活動を教科横断的に行ってきた。

　しかし，授業開発については，小中学校等とは大きく異なる。小中学校等においては，学習指導要領に示される教育内容や教育課程の標準があり，また学習指導要領の内容に即した教科書がある。すなわち，小中学校等における授業開発とは，自校の児童生徒等に目指す姿に向けて，標準となる教育課程や授業（教科書）を基に，新たに育成する資質・能力に向けて必要な教育内容や方法を開発することになる。一方，特別支援学校においては，学習指導要領に示される制度上の枠組みはあるものの，児童生徒等の障害等に応じた教育内容や方法の標準はない。そのためその開発が求められる。

　この場合，特別支援学校の授業開発とは，① 自校の児童生徒の目指す姿に向けて，② 学習指導要領に示される教科等の教育内容を選択し，組織化し（知的障害の学校では，加えて，その教科等の教育内容を指導の形態に整理する。）③ その授業において，学級の児童生徒の実態を踏まえて，ねらいとする学習計画をつくり，最終的に，④ その授業を通じて個人の生きる力を育成することを内容とする（資料7‐2）。

　この時，特別支援学校に固有な授業開発として重視しなければならないのが，各学校の児童生徒の障害等を踏まえた指導上の配慮である（資料7‐3，文部科学省，2018b）。

　例えば，知的障害の場合，学習によって得た知識や技能が断片的になりやす

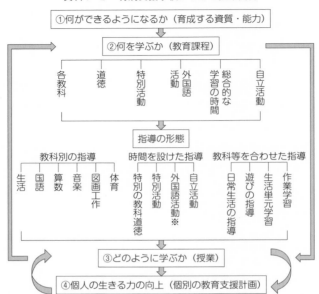

資料 7‑2　特別支援学校における授業開発

①何ができるようになるか（育成する資質・能力）

②何を学ぶか（教育課程）

各教科　道徳　特別活動　外国語活動　総合的な学習の時間　自立活動

指導の形態

教科別の指導　時間を設けた指導　教科等を合わせた指導

生活　国語　算数　音楽　図画工作　体育　特別の教科道徳　特別活動　外国語活動※　自立活動　日常生活の指導　遊びの指導　生活単元学習　作業学習

③どのように学ぶか（授業）

④個人の生きる力の向上（個別の教育支援計画）

（出所）文部科学省（2018b，28-34頁）を基に筆者作成。知的障害を対象とした小学部の例。

　く，実際の生活の場面の中で生かすことが難しい。そのために，実際の生活場面に即しながら，繰り返して学習することにより，必要な知識や技能等を身に付けられるようにする。また，成功経験が少ないこと等により，主体的に活動に取り組む意欲が十分に育っていないことが多い。そのために，学習の過程では，児童生徒が頑張っているところやできたところを細かく認めたり，称賛したりすることで，児童生徒の自信や主体的に取り組む意欲を育むことが重要となる。さらに，抽象的な内容の指導よりも，実際的な生活場面の中で，具体的に思考や判断，表現できるようにする。

　このような指導上の配慮が必要なことから，知的障害の場合には，指導の形態も検討する。この指導の形態とは，知的障害の学びの特性を踏まえて，教科別の指導だけでなく，教科等を合わせた指導を検討するものである。各学校の

資料7-3　特別支援学校における指導上の配慮

視覚障害	・的確な概念形成と言葉の活用 ・点字等の読み書きの指導 ・指導内容の精選等 ・コンピュータ等の情報機器や教材等の活用 ・見通しをもった学習活動の展開
聴覚障害	・学習の基盤となる言語概念の形成と思考力の育成 ・読書に親しみ書いて表現する態度の育成 ・言葉等による意思の相互伝達 ・保有する聴覚の活用 ・指導内容の精選等 ・教材・教具やコンピュータ等の活用
知的障害	・実際の生活場面に即した，系統的，継続的な学習 ・児童生徒の成功経験の重視 ・抽象的な内容の指導よりも，実際的な生活場面における具体的な指導
肢体不自由	・「思考力，判断力，表現力等」の育成 ・指導内容の設定等 ・姿勢や認知の特性に応じた指導の工夫 ・補助具や補助的手段，コンピュータ等の活用 ・自立活動の時間における指導との関連
病　弱	・指導内容の精選等 ・自立活動の時間における指導との関連 ・体験的な活動における指導方法の工夫 ・補助用具や補助的手段，コンピュータ等の活用 ・負担過重とならない学習活動 ・病状の変化に応じた指導上の配慮

（出所）文部科学省（2018b，2-19頁）を基に筆者作成。

児童生徒に応じて，「日常生活の指導」，「遊びの指導」「生活単元学習」，「作業学習」を考える（資料7-4）。また，児童生徒の実態は多様なために，各教科の目標や内容は学年ではなく，小学部では6年間を通じて3段階の区分で示されている。中学部では3年間を通じて5段階として示されている。さらに，今般の学習指導要領では，小中学校等との学びの連続性という観点から，教科等における観点別評価も求められている。

（2）授業に応じた開発

　各授業の位置づけに応じて，ねらいや学習活動は異なる。例えば，「生活単

資料 7 - 4　知的障害のある児童生徒を対象とした各教科等を合わせた指導

日常生活の指導	児童生徒の日常生活が充実し，高まるように日常生活の諸活動について，知的障害の状態，生活年齢，学習状況や経験等を踏まえながら計画的に指導する。
遊びの指導	主に小学部段階において，遊びを学習活動の中心に据えて取り組み，身体活動を活発にし，仲間とのかかわりを促し，意欲的な活動を育み，心身の発達を促していくもの。
生活単元学習	児童生徒が生活上の目標を達成したり，課題を解決したりするために，一連の活動を組織的・体系的に経験することによって，自立や社会参加のために必要な事柄を実際的・総合的に学習するもの。
作業学習	作業活動を学習活動の中心にしながら，生徒の働く意欲を培い，将来の職業生活や社会自立に必要な事柄を総合的に学習するもの。

（出所）文部科学省（2018b，30-34頁）を基に筆者作成。

元学習」であれば活動を通じて児童生徒が生活上の目標を達成したり，課題を解決したりすることを学べるように計画する。「作業学習」であれば作業活動を通じて働く意欲を養い，職業生活や社会自立に必要なことを学べるように計画する。その際には，児童生徒の障害の状態等や興味関心，主体性を考慮し，地域性や卒業後の動向を踏まえて題材を考え，単元を計画し，具体的な学習活動を計画する。そして，複数の教員によるティームティーチングの指導体制であることから，授業を進行するメインティーチャーと，個々の児童生徒に支援を行うサブティーチャーの役割を明確にする等の教師の支援を計画し，それを実行し評価改善する。

（3）個人に応じた開発

　各授業は，学級全体の学習活動とともに，児童生徒の個別の教育計画を踏まえた目標と方法，教師の支援の計画が必要となる。例えば，ある児童生徒では教師の支援がなくても自分から取り組むことが目標となる。他の児童生徒では教師の言葉かけにより取り組むことが目標となる。そして，個々の目標を実現するために，どのように学習環境を整え，どのような教材・教具を用意し，教師がどのように支援するかを計画する。そして，各授業において，一人一人に目指す姿が実現したか，教師の支援が適切であったかを評価する。最終的に，

個々の児童生徒が学びやすい効果的な学習環境や教材・教具，支援の方法を明らかにする。それを個別の教育支援計画や個別移行支援計画に記載し，保護者や外部の支援者と共有し，児童生徒がもてる力を発揮できる環境を拡大する。

3　特別支援学校における授業開発の課題と解決策

　ここでは，特別支援学校における授業開発の課題と解決策を考えてみる。前述したように，特別支援学校においては，自校の児童生徒等の障害等に応じた教育内容や方法の標準がない。とくに，知的障害の特別支援学校においては教科等を合わせた指導という指導の形態も考える必要がある。これに関して，細川ら（2021）は，全国の知的障害特別支援学校を対象として，「教科等を合わせた指導」の実態を調査している。その結果，担任は児童生徒の実態や学校生活の状況を踏まえて授業を計画することが難しいことを明らかにしている。また，独立行政法人特別支援教育総合研究所（2018）は，育成する資質・能力が明確でないと，活動を行うだけで，学びのある活動にならないことを指摘している。

　一方，特別支援学校の授業は複数の教員による指導体制で取り組む。しかし，教員の知識や経験は様々であり，児童生徒の実態の捉えや教育方針も異なる。そこで，教員が目指す方向性を共有するために，打ち合わせや授業研究が必要であるが，終日の教育活動のためにその時間や場を確保することが難しい。そうした中で，今般の学習指導要領に求められているような児童生徒に育成する資質・能力を明確にし，その指導と評価を一体的に計画することは難しく，学校現場においてかなりの混乱がある（齊藤・及川，2019）。

　すなわち，特別支援学校においては，自校の児童生徒の障害等に応じた授業の標準そのものを開発する必要がある。しかし，現状は標準となる授業がない中で，担任が個々に手探りで授業を開発しており，児童生徒の生きる力を組織的に育成することにはなっていない。

　こうした課題を解決するために，学校としての授業の標準を開発し，それを

資料 7-5 特別支援学校における授業開発モデル

（出所）筆者作成。

基に，担任が学級の児童生徒が学びやすい授業を開発し，その中で個々の児童生徒に効果的な学習環境や支援の方法を明らかにすることが考えられる（田淵ほか，2021；筑波大学附属大塚特別支援学校，2019）。具体的には，資料 7-5 に示すように，学校の授業開発モデルを作り，それを学部や学級で検討し，個人の生きる力の向上を実現できるようにする。

4　授業開発の課題を解決するための提案

（1）学校の授業開発モデル

　学校として，何を目指して教育を行うのかというビジョンを基に，児童生徒の障害の状態等に応じた教育内容や方法を明らかにする。例えば，各学校には，児童生徒の実態や卒業後に求められる力等を踏まえ，生活自立，福祉就労，企業就労等の目指す方向性がある。そして，自校の児童生徒の障害の状態等に応じて，指導上の配慮は異なり，活用できる地域の教育資源も様々である。

　そこで，管理職は学校経営計画に，児童生徒の実態や地域の状況を踏まえて，学校教育目標（目指す姿）とそれを実現する教育課程の考え方を明示する。例

えば，知的障害の児童生徒を対象として，生活自立を中核の目標として位置づける学校では，教育課程では教科等を合わせた指導の形態を中心として，学校生活の中に体験的な学習活動を計画したり，地域の店舗や住民の協力を得た活動を計画したりできる。あるいは，高等特別支援学校のように，企業就労を目指す学校では，地域の企業と連携し学校内だけではできない体験的な学習活動を計画することができる。これらは，学習指導要領，児童生徒の実態や願い，保護者の願い，地域の状況を勘案する中で，様々な方向性がある。管理職が教育の方向性を明確にした上で，授業開発に関係する教育課程編成，学習指導，研究，研修等の校務分掌（教務部，学習指導部，研究推進部，研修部等）が一体的に取り組めるようにする。さらに，学校運営協議会において，保護者や地域に説明し，協力を得る体制をつくる。

（2）学部での検討

　特別支援学校では，幼稚部，小学部，中学部，高等部と児童生徒等の発達段階に応じた指導組織がある。そこで，前述した学校の授業開発モデルを学部で検討する。各学部の児童生徒等の障害の状態等や発達段階に応じて，教育課程は異なり，使用する教科書，年間計画も異なる。例えば，小学部では教科等を合わせた指導である日常生活の指導や生活単元学習が中心になるであろう。中学部では教科別の指導と教科等を合わせた指導の生活単元学習と作業学習が中心になるであろう。そこで，部主事が学校の目指す方向性を伝え，教務部や学習指導部が学部の教育課程や年間計画を作成する。その計画を学部会や学年会で検討し，学部の児童生徒等に応じたものに確定する。学校評価等の機会を通じて，授業の成果や課題を児童生徒等や保護者と共有する。

（3）学級での検討

　担任が行うのは，授業の標準そのものの開発ではなく，担当する児童生徒の実態に即した学びやすい授業の開発である。そのために，個々の担任の経験や知識の差を踏まえて，共通して押さえるポイントを明示しておくとよい。

資料 7 - 6　特別支援学校（知的障害）における授業開発例

【学校の教育計画】
　教育目標
　　・自分の願いをもち，仲間と協力して，主体的に生活する
　指導上の配慮（知的障害）
　　・生活に結びついた具体的な活動を学習活動の中心に据え，実際的な状況下で指導する
　　・生活の課題に沿った多様な生活経験を通して，日々の生活の質が高まるようにする
　　・活動後は充実感や達成感，自己肯定感が得られるようにする
　教育課程
　　・学校生活の中に学びを仕組む（教科等を合わせた指導を中心に，各教科と関連づける）
【学部の教育計画】
　　・生活単元学習を中心に，各教科と関連づける教育課程
　　・文化祭等の行事と対応させた授業の年間計画や題材配当
【学級の授業開発】

① 児童生徒の実態と目指す姿	② 各授業の位置づけ	③ 授業の計画	④ 学習評価
学級	教科等	児童生徒の学習活動	学級
・願いをもって取り組む	・生活に生きる教科	・願いや考えをもつ	・ねらいの学び実現
・友達と協力して取り組む	生活単元学習	・どうするか練習する	・教師の支援の減少
・学びを生活に活かす	・学校生活に即した課	・がんばりを振り返る	・自分の学びの確認
A児	題提示と解決学習	・友達の良さに気づく	A児
・自分の願いや考えを言う	作業学習	教師の支援・環境設定	・願いや考えを言えた
・友達に声かけして取り組む	・働く意欲，態度，知	・願いのもてる導入	・友達に声かけした
・振り返り，次に活かす	識，技能の学習	・わかりやすい環境設定	・学びを活かせた
B児	自立活動	・やりやすい教材	B児
・活動を理解して取り組む	・個々の困難を克服す	・個に応じた意思表示	・理解して取り組めた
・友達と準備をする	るための学習	・本人の力を助ける支援	・友達と準備した
・自分のがんばりを言う	授業間のつながり	・教師の役割分担	・がんばりを言えた

（出所）文部科学省（2018），筑波大学附属大塚特別支援学校（2019，39-62頁）を参考に筆者作成。

　例えば，資料 7 - 6 に担任が授業開発を行うため観点の例を示した。この観点は学校に応じて作成するとよい。担任は学級の児童生徒の実態，願い，好みを踏まえ，この観点を参考に，創意工夫を行い，授業を計画する。そして，学年主任は学年会で授業の工夫や成果を紹介したり，相互に参観したりする機会をつくる。

　例えば，学校の目指す姿が「自分の願いをもち，仲間と協力して，主体的に生活する」であった。そこで，知的障害のある児童生徒における指導上の配慮を踏まえて，学部では教科等を合わせた指導を中心に各教科と関連づけた教育課程を編成し，授業の年間計画を作成した。この標準の上で，担任は，学級の児童生徒が学びやすい授業を開発する。具体的には，① 学級の児童生徒の実

態から，「願いをもって取り組む，友達と協力して取り組む，学びを生活に活かす」という目指す姿を考えた。合わせて，個別の教育支援計画を基に，個々の児童生徒に目指す姿を明らかにした。そして，②学校生活全体を通して各授業が関連するように，教科や生活単元学習等の内容を計画した。そして，③各授業に応じて，学習活動を計画した。例えば，生活単元学習では，文化祭の販売活動が題材となっていた。そこで，学級の児童生徒が願いをもって販売に取り組めるように単元を計画した。まず，校外学習を設定し，実際に買い物体験をしてみる。そこで訪問した地域の店舗から講師を招き，イメージや憧れがもてるようにした。次に，売り手と客のロールプレイをして，ビデオで撮影し，振り返り，どうすればよいかを検討した。そして，実際の販売活動を行い，ビデオで撮影して，事後に何がよかったかを振り返った。この授業を通じて，④ねらいとする学びが実現したかを学級と個人の双方で評価した。その結果，児童生徒が販売を工夫する姿が見られるようになった。このことから，この学級では，実際の体験やモデルから学び，ビデオで振り返ることが有効であることが分かり，学年会で報告し，共有した。

（4）個人の生きる力の育成

　授業開発の最終的な目的は，個々の児童生徒に応じた効果的な学習環境や支援の方法を明らかにすることである。例えば，資料7-6を例に，Bさんの場合を考えてみよう。Bさんは，福祉就労を目指していた。集団で活動する場面等で，教師の促しがないと自ら活動に取りかかることは少なかった。そこで，活動を理解して，主体的に取り組めることを目指すことにした。そのために，国語では，Bさんが理解しやすい写真を見て，何をするのか言う学習をした。生活単元学習の販売活動では，写真を見て，該当する役割を行い，その成功を振り返る学習をした。その結果，Aさんは，教師の促しがなくても，写真を見て，自ら活動に取りかかれるようになった。Aさんには写真を見て見通しを得ることと成功の振り返りが重要な支援になることがわかった。そこで，これらを個別の教育支援計画に記載し，保護者や施設担当者と共有した。その結

果，施設での実習がうまくいき，主体的に取り組む姿が増えた。

　特別支援学校の教育はオーダーメイドであり，それゆえに担任が手探りで授業を開発している。しかし，そのような授業開発では児童生徒の学びは断片的になり，継続性は担保できない。本章で示したように，自校の授業開発の標準モデルを作り，学部で教育課程や年間計画とした上で，担任が検討できるようにすれば，組織的な育成になる。担任が力を注ぐのは，担当する児童生徒がどうすれば学びやすいかを明らかにするための授業開発である。その中で個々に有効な支援の方法を明らかにし，個別の教育支援計画を通じて継続すれば，一貫した支援が可能になる。

引用・参考文献

独立行政法人 国立特別支援教育総合研究所（2019）「知的障害教育における育成すべき資質・能力を踏まえた教育課程編成の在り方——アクティブ・ラーニングを活用した各教科の目標・内容・方法・学習評価の一体化」『平成27〜28年度研究成果報告書』1 - 7頁。

独立行政法人 国立特別支援教育総合研究所（2018）『育成を目指す資質・能力を踏まえた教育課程の編成——知的障害教育におけるアクティブ・ラーニングの活用』ジアース教育新社。

斉藤桂子・及川祐有子（2019）「特別支援学校における主体的・対話的で深い学びの実現に向けた授業改善に関する研究〔中間報告〕」『神奈川県立総合教育センター研究集録』38，17-28頁。

田淵健・原田孝祐・佐々木尚子・大森響生・中村くみ子・藤谷憲司・高橋幸・本間清香・細川絵里加・佐藤佑哉・小原一志・東信之・佐々木全（2021）「育成を目指す資質・能力を踏まえた「各教科等を合わせた指導」の授業づくりの要領(2)——知的障害特別支援学校中学部・高等部を対象とした「単元構想シート」」『教育実践研究論文集』8，152-158頁。

中央教育審議会（2019）「児童生徒の学習評価の在り方について（報告）」。

中央教育審議会（2021）「「令和の日本型学校教育」の構築を目指して〜全ての子供たちの可能性を引き出す，個別最適な学びと，協働的な学びの実現〜（答申）」。

筑波大学附属大塚特別支援学校（2019）「手立てと評価をつなぐ個別教育計画」『研究紀要』63，39-62頁。

長崎県教育委員会（2019）「特別支援学校の教育の手引き第5集　特別支援学校の教育活動編」5-7頁。

細川かおり・橋本創一・李受眞・山口遼・渡邉貴裕・尾高邦生・熊谷亮・杉岡千宏・霜田浩信（2021）「知的障害特別支援学校のカリキュラムと教科等を合わせた指導に関する調査研究」『千葉大学教育学部研究紀要』69，57-63頁。

文部科学省（2018d）「特別支援学校幼稚部教育要領・小学部・中学部学習指導要領平成29年4月告示」海文堂。

文部科学省（2018b）「特別支援学校学習指導要領解説各教科等編（小学部・中学部）」開隆堂。

文部科学省（2019）「特別支援学校高等部学習指導要領」海文堂。

文部科学省（2020）「新学習指導要領の全面実施と学習評価の改善について」（2021年6月10日アクセス）。

（西脇熱士）

第8章

特別支援学校の校内研修

　　　　特別支援学校においては児童生徒等の障害が重度化・重複化・多様化
　　　　しているが，教員の特別支援学校教諭免許状保有者は8割であり，特別
　　　　支援教育の未経験者が少なからずいる。そうした教員は，専門教育の基
　　　　本がないままに試行錯誤で対応してしまう。また，小学部や中学部など
　　　　の学部組織があり，さらに障害の種別が異なり，学校としての専門性を
　　　　担保，継承するのが難しい。そのため，教員の知識や経験に応じた専門
　　　　性を確保するための校内研修をマネジメントし，学校としての専門性を
　　　　担保，共有することが重要である。

1　校内研修とは

　教育公務員特例法第21条には，「教育公務員は，その職責を遂行するために，
絶えず研究と修養に努めなければならない」と示されている。また第21条2及
び第22条には，その任命権者が研修を計画し，教員に研修の機会を与えなけれ
ばならないと定められている。このような教員研修は，資料8-1に示すよう
に，自己研修，校内研修，校外研修に分けられる。

　このうち校内研修は，校内で行う集団研修等，特別に設定した研修と日々の
校務を通しての研修に分けられる。2015（平成27）年の中央教育審議会答申
「これからの学校教育を担う教員の資質能力の向上について」の中で，「校内研
修は，各学校や地域の実態に根ざしたものであり，日々の授業などにその成果
が反映されやすく，教員自身が学びの成果を実感しやすいなど，教員の学ぶモ
チベーションに沿ったものである」とされている。また，「教員は学校で育つ
ものであり，同僚の教員とともに支え合いながらOJTを通じて日常的に学び

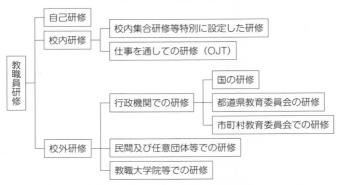

資料 8 - 1　研修の種類

```
教職員研修 ┬ 自己研修
          ├ 校内研修 ┬ 校内集合研修等特別に設定した研修
          │         └ 仕事を通しての研修（OJT）
          └ 校外研修 ┬ 行政機関での研修 ┬ 国の研修
                     │                  ├ 都道府県教育委員会の研修
                     │                  └ 市町村教育委員会での研修
                     ├ 民間及び任意団体等での研修
                     └ 教職大学院等での研修
```

（出所）独立行政法人教職員支援機構（2018, 3頁）一部修正。

合う校内研修の充実や，自ら課題を持って自律的，主体的に行う研修に対する支援のための方策を講じる」と述べられている。さらに，「教職員の資質能力の育成・向上のためには，法定研修や各教育委員会が計画・実施する各種の研修はもとより，自発的，継続的に校内研修が実施されることが不可欠である」とされている。

　このように，校内研修は，自校の児童生徒等の教育実践を向上することを目的として，児童生徒等の実態，学校や教員の状況を踏まえて，教育目標の実現に向け教員による日常業務と結びついた研修である。そこには，学校の教育力・組織力を向上させる，学び合い，高め合うという同僚性や学校文化を形成する，変化に対応し，自己改革していく学習する組織をつくるという意義が指摘されている。

2　特別支援学校教員に求められる専門性

　それでは，特別支援学校における校内研修はどのように考えればいいのであろうか。ここでは，実際の校内研修を考える前に，校内研修が目的とする特別支援学校の教員としての専門性（資質能力）について先に検討してみる。

資料 8 - 2　特別支援学校教員に求められる専門性(資質能力)

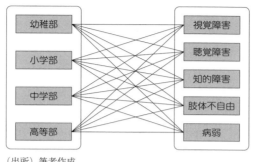

（出所）筆者作成。

　特別支援学校教員に求められる専門性については，2007（平成19）年の特別支援教育制度開始に伴う教育職員免許法改正において次のとおり整理された（文部科学省，2010）。① 5 つの障害種別（視覚障害，聴覚障害，知的障害，肢体不自由，病弱）に共通する専門性として，特別支援教育全般に関する基礎的な知識（制度的・社会背景・動向等），② それぞれの障害種別ごとの専門性として，各障害種の幼児児童生徒の心理（発達を含む）・生理・病理に関する一般的な知識・理解や教育課程，指導法に関する深い知識・理解及び実践的指導力，③ 特別支援学校のセンター的機能を果たすために必要な知識や技能。

　また，2021（令和 3 ）年の中央教育審議会答申「『令和の日本型学校教育』の構築を目指して」においては以下が示されている。特別支援学校では，幼稚部から高等部までの幅広い年齢や発達段階の子どもが在籍し，障害の程度は個々に違っており，また，特別支援学校に設置されている学級のうち約 4 割が重複障害の学級である。こうした多様な実態の児童生徒の指導を行うため，特別支援学校の教員には，障害の状態や特性及び心身の発達の段階等を十分把握して，これを各教科等や自立活動の指導等に反映できる幅広い知識・技能の習得や，校内外の専門家等と連携しながら専門的な知見を活用して指導に当たる能力が必要である。すなわち，特別支援学校教員の教育は，学部と学校が対象とする障害種に対応した多面的で多様な資質能力を求められる（資料8 - 2 ）。

このような専門性を制度上，担保するのは免許ではある。現在，担当する学部の幼稚園・小学校・中学校又は高等学校の教諭の免許状を保有することが条件である。しかし，上記があれば，特別支援学校の教諭免許状を所有しなくても，相当する学部の教員となることができる（教員職員免許法附則16項）。その結果，2020年度の特別支援学校教諭免許状保有率は84.9％であり，特別支援学校における新規採用教員のうち特別支援学校教諭免許状の保有率は81.0％である（文部科学省，2021）。

3　特別支援学校における校内研修の課題と解決の方向

　前述したように，特別支援学校の教員には，学部と障害種に対応した多面的で多様な資質能力を求められる。しかし，特別支援学校教諭免許状を保有しなかったり，勤務経験がなかったりする教員も少なからずいる。さらに，ベテラン教員の退職により，学校としての専門性が蓄積されにくい。こうした中で，資料8‒3に示すような校内研修の課題が生じている。
　こうした課題を解決するには，教員の知識や経験に応じて，学校として専門性を担保するための校内研修（資料8‒4）を行う必要がある。
　例えば，特別支援学校教諭免許状を持たない教員や勤務経験のない教員には特別支援教育全体の基礎となる内容が必要である。また勤務経験の少ない教員では，知識を実践につなげる内容が必要である。さらには，これらの研修を推進する担当者では，専門的知識を教員に教授する内容が必要となる。このような研修により，それぞれの教員の専門性が向上し，学校としての専門性が担保できると考えられる。第4節において，各研修の実際について述べる。

4　特別支援学校における校内研修の実際

（1）校内研修のマネジメント
　教育目標を実現するための校内研修を進めるためには，幼稚部，小学部，中

資料8-3　特別支援学校の校内研修の課題

課　題	具体的内容
特別支援教育の基礎	〈特別支援学校教諭免許状を持たない教員〉 ・障害理解や対応，教育課程等の基本知識を学習していない。 ・自分が経験してきた教科指導をそのまま当てはめる。 ・毎年同じ教育内容を展開してしまう。 ・何をどう教えていいのかわからない。 ・目の前の児童生徒にそぐわないが，疑問に思わない。 ・疑問に思ったとしても改善できない。 ・ベテラン教員の授業を参観する機会がほとんどない。 ・参観してもどういう視点で見ればよいのかわからない。 〈特別支援学校の勤務経験のない教員〉 ・児童生徒一人一人の実態にあわせた適切なかかわりや授業を展開することが難しい。 ・児童生徒の反応をみて改善しようという「児童生徒から学ぶ」と経験が少ない。
教員構成	・ベテラン教員の大量退職に伴い，特別支援学校教諭免許状や特別支援学校の勤務経験のない教員や若手教員が採用されている。 ・障害種別による指導方法の継承，維持が難しい。 ・経験値で教育実践を行っている。 ・学び合い，高め合うという風潮が弱い。
組織マネジメント	・教育目標に即した教育実践を4つの学部組織で共通理解し，同じ方向で実践していくことが難しい。 ・特別支援学校の勤務経験が長い教員が中心となり複数で指導にあたる。 ・複数教員による指導体制のため，強く発言をする教員の意見に従う。 ・終日の教育活動のために，研究授業の事前や事後研修を設定しにくい。 ・児童生徒の下校時間を変更できないために，研究会の時間確保が難しく，研究会の内容が表面的になりがちである。

（出所）筆者作成。

資料8-4　特別支援学校の校内研修の区分

専門推進研修
対象：校内研修を推進する担当者
内容：学部・障害種に応じた専門的な内容

専門研修
対象：特別支援学校の勤務経験の少ない教員
内容：学部・障害種に応じた基礎的な内容

基礎研修
対象：特別支援学校教諭免許状を持たない教員
　　　特別支援学校の勤務経験のない教員
内容：特別支援教育全体の基礎となる内容

（出所）筆者作成。

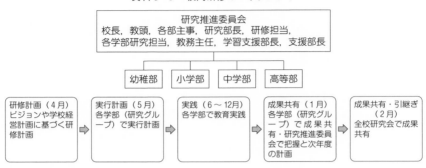

資料 8-5　校内研修のマネジメント

研究推進委員会
校長，教頭，各部主事，研究部長，研修担当，
各学部研究担当，教務主任，学習支援部長，支援部長

| 幼稚部 | 小学部 | 中学部 | 高等部 |

| 研修計画（4月）ビジョンや学校経営計画に基づく研修計画 | 実行計画（5月）各学部（研究グループ）で実行計画 | 実践（6〜12月）各学部で教育実践 | 成果共有（1月）各学部（研究グループ）で成果共有・研究推進委員会で把握と次年度の計画 | 成果共有・引継ぎ（2月）全校研究会で成果共有 |

（出所）筆者作成。

学部，高等部の4つの学部組織を通じた校内研修のマネジメントが必要になる。そのために，資料8-5のような校内研修の組織を作り，校長がリーダーシップを発揮して，自校の教育実践に必要な内容を計画し，共有推進する。

（2）基 礎 研 修

　特別支援学校は，5つの校種（知的障害・肢体不自由・病弱・視覚障害・聴覚障害）があり，その領域の免許を保有していない教員，あるいは勤務経験がない教員がいる。この場合，障害種の異なる学校では，児童生徒の障害特性を理解し，個々の実態に合わせた指導が難しい。まして，特別支援学校教諭免許状のない教員や特別支援学校の勤務経験がない教員にとっては基本的知識・技能の習得が急務である。

　そこで，資料8-6に示すように，年度当初に，基本的な知識や方法を学習する基礎研修を行う。おそらく，従来から，他の校種から転勤してきた教員を対象に転任研修を行っている学校もあるであろう。このような研修について，全教員を対象とした基礎研修と位置づける。それにより，教育目標に即した教育実践を4つの学部組織で共通理解し，同じ方向で実践することができる。

資料 8-6　全教員を対象とした基礎研修

月	内　　容
4	・児童生徒の実態や基本的対応について ・教育目標と指導の重点について ・学習指導要領，教育課程について ・個別の教育支援計画・個別の指導計画について ・知的障害，発達障害の理解と支援について ・重度重複障害特性の理解と支援について
5	・個別の教育支援計画，個別の指導計画作成について ・てんかん発作について ・医療的ケア，食物アレルギーの児童生徒について

（出所）筆者作成。

（3）専門研修

　特別支援学校においては，障害の重度・重複化が進んでいる。そうした中で，特別支援学校の勤務経験の少ない教員では対応できないことがある。例えば，常時医療的ケアを必要とする児童生徒等の在籍も増え，一歩間違うと取り返しのつかない危険と背中合わせである。このような課題に対しては，例えば，知識と実践を結びつけるような専門の基礎となる研修を行うとよい。

　例えば，高田・平澤（2019）は，給食等の校内研修を示している（資料 8-7）。勤務経験の少ない教員が自信をもって対応するために，摂食・嚥下のメカニズムに関する知識と実践を結びつけられるように，①なぜ，そのような方法が必要かの理由を解説し，②知識と実践を往還できる順序，③ビデオを使用したフィードバックを取り入れる。年度早期に集中的に時間をとり，知識と実践を往還する必要があると指摘している。

（4）専門推進研修

　特別支援学校においては，学部組織での研修が中心となる。そのために，学部担当者の知識や経験により，各学部での研修の質が左右される。そこで，学部の担当者が一定の知識を学習した上で，各学部でその知識を教授し，研修を進める仕組みを考える必要がある。このような課題に対しては研修を推進する

資料8-7　給食等指導の校内研修

研　修	内　容
講義（3回）	・摂食・嚥下のメカニズム ・誤嚥の種類やリスクなどの知識 ・摂食・口腔ケアの実態表の記入方法
実技（4回）	・食物や水分摂取など具体物による支援方法 ・口腔機能を高める口腔ケアなど
事例（3回）	・KJ法・ビデオによる事例検討会

（出所）高田・平澤（2019）。

資料8-8　研修者への事後アンケート結果

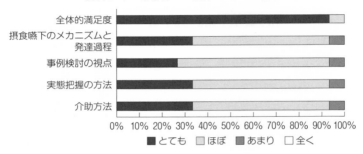

（出所）高田・平澤（2019）。

担当者に向けた専門推進研修を行うとよい。

　例えば，佐々木（2021）は学部研修担当者の学習会を通じた校内研修の実践を示している（資料8-9）。ここでは，校内外の支援を担当している支援部部長が中心となり，実態把握や支援計画立案のためのエビデンスに基づく様式を用いながら，学部の担当者との学習会を行い，学習した担当者が各学部の事例検討会を行った。この学習会は，担当者が学部の教員と実態把握や支援計画立案のスキルを習得するのに有効であり，研修的な事例検討会を行うことができ，教員同士が学び合い，専門性の向上につながると指摘している。

　加えて，校内研修の担当者には，外部専門家の活用に関する研修も重要である。校内の教員だけでは，専門知識が習得できない場合があり，外部専門家を活用する。ただし，外部専門家による研修は日程調整や予算対応も難しい。ま

128

資料8-9　専門性の高い教員による担当者研修と各学部の事例検討会

月	事例検討担当者の研修内容	各学部の事例検討会
4	・事例検討会の事前研修 ・実態把握（行動の明確化を重点的に）	
5	・目標行動の明確にした情報収集 ・情報収集から考えられる行動機能	・事例検討会の解説 ・行動観察シートの記入仕方
6	・各学部の対象児で，行動機能から考えられる支援と効率的な話し合い	・小：中学年　中：3年　高：3年
7	・実態把握に基づく支援計画 ・架空事例について検討	・応用行動分析の解説
8	・各学部の対象児で，事例検討会担当者同士での検討	・小：低学年　中：重複　高：2年
9	・各学部の対象児で，事例検討会担当者同士での検討	・小：重複　中：2年　高：重複
10	・各学部の対象児で，事例検討担当者同士での検討	・小：低学年　中：1年　高：1年
1		・対象児の実践と変容の報告

（出所）佐々木（2021）。

資料8-10　研修者への事後アンケート結果

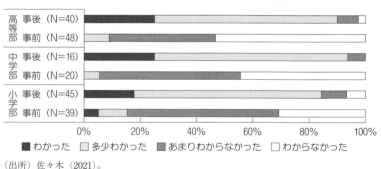

■ わかった　□ 多少わかった　■ あまりわからなかった　□ わからなかった

（出所）佐々木（2021）。

た担当する児童生徒等の教育には直接結びつかない。そこで，例えば，山川（2021）は，オンラインで外部専門家の研修を受けて，その後に，校内の教員が推進者となり，教員同士で検討する方法を明らかにした。その結果，外部専門家の研修で作成した支援計画について，その後，教員同士で支援目標や支援

方法を改善するための指針を基に，簡便な記録シートで実行効果を検討することで，全対象児で望ましい変容が得られ，研修の妥当性評価も肯定的に評価された。このような，外部専門家を校内の教育に結びつけるための知見を担当者が習得することで，校内の教育実践の質が向上すると考えられる。

　特別支援学校は，学部組織で様々な障害種に対応した多面的で多様な専門的な資質能力を求められる。しかし，特別支援学校教諭免許や勤務経験のない教員が少なからずいる。こうした課題を解決するために，本章では，教員の知識や経験に応じた校内研修を提案した。このような校内研修を計画，実施することで，学校としての専門性を担保することができると考えられる。

引用・参考文献

青森県教育委員会（2018）「青森県教職員研修計画」（2021年1月16日アクセス）。
岡山県総合教育センター（2013）「校内研修ガイドブックⅡ——校内研修を充実させる『8つの軸』」（2021年1月16日アクセス）。
独立行政法人 教職員支援機構（2018）「教職員の研修の手引き——効果的な運営のための知識・技術」，3頁（2021年1月16日アクセス）。
佐々木千絵（2021）「特別支援学校における研修的な事例検討会の開発」『岐阜大学教職大学院紀要』（4），43-50頁。
篠原清昭（2021）「特別支援学校教員の専門性」特別支援学校経営研究会資料。
高田亜希子・平澤紀子（2019）「重度・重複の障がい児の給食等の指導のための教員研修の検討」『岐阜大学教職大学院紀要』（3），9-16頁。
中央教育審議会（2017）「これからの学校教育を担う教員の資質能力の向上について（答申）」（2021年1月16日アクセス）。
中央教育審議会（2021）「『令和の日本型学校教育』の構築を目指して〜全ての子供たちの可能性を引き出す，個別最適な学びと，協働的な学びの実現〜（答申）」（2021年3月20日アクセス）。
長崎県教育センター（2013）「校内研修の手引き（特別支援学校版）計画的・組織的・継続的な校内研修の推進」（2021年1月16日アクセス）。
文部科学省（2010）「特別支援教育推進に関する調査研究協力者会議（審議経過報告書）」（2021年1月16日アクセス）。
文部科学省（2021）「令和2年度特別支援学校教員の特別支援学校教諭等免許状保有状況等調査結果の概要」（2021年3月25日アクセス）。

山川直也（2021）「知的障害特別支援学校における行動問題支援研修に関する検討」
　『岐阜大学教職大学院紀要』（4），51-58頁。

（佐々木千絵）

第 9 章

特別支援学校における ICT の活用

　　　　　　特別支援学校における ICT の活用では，児童生徒等の障害に起因す
　　　　　　る困難を解決し，社会参加を促進するアシスティブ・テクノロジー（機
　　　　　　器による障害支援方法）を作り出していくことが重要である。そのため
　　　　　　に，これまで教師が個人レベルで取り組んできた支援を手がかりとして，
　　　　　　学校が自校の児童生徒等に応じて標準化する内容と，教師が児童生徒等
　　　　　　に応じて個別化する内容を整理し，児童生徒等自身が ICT を主体的に
　　　　　　活用できるようにするための指導や保護者との連携を考える必要がある。

1　ICT を活用した教育

　今日，人工知能（AI）等の先端技術が高度化し，社会の在り方が劇的に変わ
る「Society5.0」に向かっている。そうした新たな時代を生き抜く資質・能力
を児童生徒に育成するために ICT（Information and Communication Technolo-
gy：情報通信技術）を活用した教育が求められている。

　そのために，平成29年・30年度年告示学習指導要領においては，初めて「情
報活用能力」を学習の基盤となる資質・能力と位置付け，教科等横断的にその
育成を図ることになった。あわせて，その育成のために ICT を活用した教育
が求められるようになった（文部科学省，2020a）。

　この ICT を活用した教育は，ICT の時間的・空間的制約を超える双方向性
を有する，カスタマイズを容易にするといった特長を生かして，教育の質の向
上を目指すものであり，具体的には次の 3 つの側面から構成されている（文部
科学省，2020b）。① 児童生徒による情報活用能力の育成，② 教師による教科指

導における ICT の活用，③ ICT の活用による校務の負担軽減等である。その基盤として，教師の ICT の活用指導力等の向上，学校の ICT 環境の整備，教育情報セキュリティの確保が示されている。

ICT 環境の整備のひとつが GIGA スクール構想である。これは，1 人 1 台端末・高速通信環境を整備し，教育の質の向上を目指すものである。堀田・為田・稲垣・佐藤・安藤（2020，96-119頁）はこのような ICT 環境整備を通じて，学校が変革される過程を示している。第 1 フェーズとして，ICT を推進する組織や ICT 機器整備を整え，グランドデザインを設計する。第 2 フェーズとして，この ICT を実際に教師が活用するための研修や研究を行い，授業を実施する。最終フェーズとして，その実施を通じて働き方改革や学校と家庭学習の連動を実現する。

一方，ICT の活用状況について，文部科学省は，「教材研究・指導の準備・評価・校務などに ICT を活用する能力」，「授業に ICT を活用して指導する能力」「児童生徒の ICT の活用を指導する能力」「情報活用の基盤となる知識や態度について指導する能力」の項目を用いて経年調査している。令和元年度の調査結果（文部科学省，2020d）では，「教材研究や情報活用指導」は 8 割を超えており，一定の基盤はできつつある。しかし，「授業に ICT を活用する」や「児童生徒の ICT の活用のための指導」は 6 割程であり，堀田ら（2020）が指摘する教師による指導活用はこれからといえよう。ただし，今般のコロナ対応において，デジタル教科書や ICT を活用した教育モデルの検討が進められており（中央教育審議会，2021；文部科学省，2021），今後は教師による指導活用が進み，それを通じた学校変革の段階になると思われる。

2　障害のある児童生徒への教育における ICT の活用

小中学校等における ICT の活用は，教科書のデジタル化を中心として，教育の質の向上を目指すものである。一方，障害のある児童生徒への教育における ICT の活用はどのようなものであろうか。この場合，障害のために実現で

きなかった（Disability）をできるように支援する（Assist）ためのアシスティブ・テクノロジーとしての ICT が示されている（文部科学省，2020b）。このアシスティブ・テクノロジーは米国における障害者支援政策に示され，支援機器と支援方法の 2 つから定義されているものである。わが国においては，2002年の新情報教育の手引きに採用され，今日に至っている（独立行政法人国立特別支援教育総合研究所，2011，3 頁）。

　例えば，読み書きの困難も，アプリケーションを使用することで，困難は解消され，授業参加を助ける。同時に，そのアプリケーションの使用をどのように指導すれば，児童生徒が主体的に活用できるか，さらに日常生活や社会生活にどうつなげるかを検討する。このように，どのような支援機器を用いるかだけでなく，それをどのように教えるかをセットで考える必要がある。このような ICT の活用は，今日では，障害のある児童生徒の教育を受ける権利を保障するための合理的配慮となることが示されている（独立行政法人国立特別支援教育総合研究所，2016）。

　このことは，平成29年度告示の特別支援学校学習指導要領において，「各教科の指導計画の作成に当たっての配慮事項として，障害種ごとにコンピュータ等の ICT の活用に関する規定を示し，指導方法の工夫を行い，指導の効果を高めること」と示された（文部科学省，2018）。そして，資料 9 - 1 に示すように，5 種類の障害種別（視覚障害・聴覚障害・知的障害・肢体不自由・病弱）及び近年支援の必要性が問われている発達障害について，学習の困難を解決するための ICT の活用が示されている（文部科学省，2020b）。例えば，視覚障害では視機能の困難を解決するために，タブレット端末の表示変換機能を使用して，見えやすい文字サイズやコントラストに変換するなど，視機能を支援できる。また，聴覚障害では，聴覚機能の困難を解決するために，情報を視覚化することが示されている。したがって，特別支援学校においては，このような活用例を基に，どのように教育活動に取り入れ，日常生活につなげていくかを考えることが重要である。

資料 9‐1　障害のある児童生徒の教育における ICT の活用

教育的ニーズ	ICT の活用の方法	具体例
視覚障害	見えにくい（弱視）児童生徒には，視覚情報を見やすい文字サイズやコントラストに変換。（見えない）児童生徒に対しては，視覚情報を音声（聴覚情報）や点字（触覚情報）に変換	・タブレット端末の表示変換機能 ・点字キーボード ・タブレット端末のカメラ・拡大機能 ・読み上げアプリケーション
聴覚障害	聴覚情報（周囲の音・音声）とそれが表す意味内容などの情報を視覚化	・教科書等を拡大提示 ・字幕を付け，校内放送を見える化 ・授業中の発話を見える化（文字変換アプリケーション等）
知的障害	抽象的な事柄の理解と話し言葉によるコミュニケーションの代替に活用	・抽象的な事柄を視覚的に理解（学習ソフト） ・発語による意思表示を代替 ・理解が困難な事項を視覚的に理解 ・段階的に学ぶための教材
肢体不自由	身体機能の状態や体調の変化などに応じて，意思の表出を補助し，他者との触れ合う機会を提供	・表現活動の広がり（視線入力装置） ・遠隔合同授業（他者とのふれあい）
病　弱	病弱の（病気による様々な制約がある）児童生徒に対しては，高速大容量通信ネットワークを病院や自宅等で使用できるようにして，遠隔教育を実施	・授業配信（Wi-Fi モバイルルータ・タブレット端末等） ・自習教材（タブレット端末等）
発達障害	教科指導における読みや書き，思考の整理などにおける困難を軽減・解消	・読み上げ機能や書き込み機能の活用 ・プレゼンテーションツールの活用等

（出所）文部科学省（2020）「特別支援教育における ICT 活用」を基に筆者作成。

3　特別支援学校における ICT の活用の課題と解決策

　特別支援学校における ICT の活用状況について，独立行政法人特別支援教育総合研究所が，2015（平成27）年に全国の特別支援学校に悉皆調査を行っている（独立行政法人特別支援教育総合研究所，2015）。コロナ禍前の状況ではあるが，知的障害特別支援学校には整備の遅れが見られ，校種を超えて「校務分掌の整備の必要性」，「キーパーソンの育成と確保」，「ガイドブックやマニュアルの準備と利用」，「ICT の活用に関わる研修の実施」，「無線 LAN の整備」が課

資料 9 - 2　特別支援学校における ICT の活用と組織マネジメント

ICT推進組織 (管理職，部主事， ICT担当者，関係分掌)	・ICTの活用の理念，自校の教育計画に応じた 推進計画，学校活用モデルの提示
担任によるICTの活用 (全教師)	・学校の活用モデルに基づく担任によるICTの 活用の検討
個に応じたICTの活用 (担任)	・学級の児童生徒に応じて個別に取り組む内容
児童生徒本人による 主体的な活用 (児童生徒，保護者)	・日常生活，学校教育終了後につながる指導

(出所) 筆者作成。

題として挙げられた。これまでの ICT は，肢体不自由や視覚障害等における
支援機器としての活用が中心であり，知的障害等には活用されていない状況に
ある。

　こうした中で，GIGA スクール構想は進められ，コロナ対応において加速し
ている。しかし，特別支援学校が直面しているのは教科書のデジタル化を中心
とする小中学校等とは異なり，オーダーメイドの教育における ICT の活用で
ある。さらに，特別支援学校の教育は対象となる障害特性に応じて異なり，ま
た児童生徒の実態は多様で個別性が高く，保護者の支援も不可欠である。すな
わち，特別支援学校では，学校に応じて，さらには児童生徒等に応じて，ICT
の活用を考えることが課題となる。

　一方，特別支援学校に共通していることは，個に応じた支援を工夫している
ことである。例えば，甫立・内倉・佐藤 (2019) は，特別支援学校は従来から，
見通しをもつことが苦手な児童生徒にイラスト入りのスケジュールカードや手
順表を提示し，文章を読むことが苦手な児童生徒のために「分かち書き」を
ている。そこでは，教材や教具を ICT により標準化し，教師の支援を ICT に
置き換えることができることを指摘している。これは，従来，特別支援学校に

おいて行われてきた教師の個人レベルの支援を学校組織としての取り組みに変換するものである。

　特別支援学校における ICT の活用では，児童生徒等の障害に起因する困難を解決し，社会参加を促進するアシスティブ・テクノロジーを学校組織として作り出し，組織としてマネジメントしていくことが重要であると考えられる。そのためには，教師が個々に取り組んでいる支援を ICT の活用例（文部科学省，2020b）を手がかりとして，学校に応じて，児童生徒に応じて教育活動に取り入れることができるかを検討すればよいと考えられる。

　そこで，資料 9-2 に示したように，① ICT 推進組織をつくる。そして，②学校に応じて標準化する内容と，③児童生徒に応じて個別化する内容を整理し，④児童生徒本人による主体的な活用につながる教師の指導や保護者の支援を考える。

4　特別支援学校における ICT の活用のための提案

（1）ICT 推進のための組織開発と活用モデル

　特別支援学校において，学校や児童生徒等に応じた ICT の活用が重要である。そのためには，現状の実態を踏まえ，効果的な活用や指導を見いだしていく必要がある。そこで，新たに管理職と部主事，ICT 担当で企画運営をする推進組織を作る。この場合，ICT 担当は，ICT 端末やセキュリティ等の管理面と授業や学習支援の教育面の担当者を明確にする。そして，企画運営においては，障害に起因する困難を解決し，社会参加を促進するアシスティブ・テクノロジーを学校組織として作り出していくという理念を共有する。そして，文部科学省の ICT の活用例（資料 9-1）を参考に，自校の教育や障害特性を踏まえた学校の ICT の活用モデルを作成する。

　とくに対象となる障害により，どのように教育活動に取り入れるかは異なる。そこで，例えば，資料 9-3 に示すように，実際の教育活動場面毎に，どのような ICT 機器を用いることができるか，それをどのように活用すれば，どん

資料 9 - 3　ICT 推進組織での活用モデルの検討

教育活動場面	ICT 機器	活用方法と効果
集会・説明	・大型モニター ・プレゼンテーションツール	・教師の説明を大型モニターで見せる ・集中できない児童生徒に教師が個別に支援していたのが，集中しやすい
一斉学習	・大型モニター ・プレゼンテーションツール ・デジタル教科書 ・タブレット端末 ・教材アプリ	・教師の説明を大型モニターで見せる ・授業の目的，進め方，まとめ方が明確になる
体育，作業学習等の動作場面	・大型モニター ・タブレット端末	・大型モニターで見本を見せる ・タブレット端末を用いた撮影で，児童生徒が自分の動きや仲間とのバランスを確認でき，調整しやすい
個別学習	・スマートフォン ・時間管理アプリ	・スケジュール等を自分で確認し，管理できる
協働学習	・タブレット端末 ・大型モニター ・サーバ	・個々のタブレット端末で作成した内容を大型モニターで見て相談しながら作成できる ・サーバでデータを保存することで他の生徒と共有しやすい
交流学習	・タブレット端末 ・WEB 会議システム	・遠隔で居住地校の授業に参加できる ・チャット機能で交流できる
地域参加	・タブレット端末 ・WEB 会議システム	・地域講師の授業が受けられる ・地域との交流ができる
保護者支援	・タブレット端末 ・WEB 会議システム	・遠隔での授業参観ができる ・授業の様子や頑張りを個別に見せることができる ・来訪せずとも懇談ができる
校務支援	・タブレット端末 ・サーバ ・WEB 会議システム	・個別の教育支援計画等の作成 ・アンケート集計，共有

（出所）文部科学省（2020）「特別支援教育における ICT の活用について」を参考に筆者作成。

な効果が期待されるかを示すとよい。例えば，集会や説明の場面では大型モニターやプレゼンテーションツールにより教師が説明を行えば，児童生徒が集中しやすく，教師の支援が減る可能性がある。また，一斉学習では集会や説明の場面と同様，大型モニターやプレゼンテーションツールの活用の他に，デジタル教科書を個々のタブレット端末上で学習し，また教材アプリを活用して学習を進めると，授業の目的，進め方，まとめ方が明確化され，児童生徒が授業に集中しやすくなる。このようなモデルを作成すると，各校の教育活動に合わせた検討ができる。

（2）担任による ICT の活用

　次に，学校の ICT 活用モデルを基に，担任による ICT の活用を検討する。そのために，ICT 担当者は，学校の ICT 活用モデルを各学部の ICT 担当に提示する。各学部の ICT 担当は学部会等で，各学部に合った内容を担任に伝え，学級の児童生徒に対して，どのように ICT を活用できるかを検討してもらう。その際に，例えば，資料 9 - 4 に示すように，担任に時間割へ記入してもらうと，教育活動場面に応じた活用が明らかになる。

　例えば，時間割で 1 週間の登校時から下校時までの中で，すでに ICT を活用していることや今後活用できそうなことを記入してもらう。資料 9 - 4 では，朝の会では，児童生徒はタブレット端末の時間管理アプリを用いて，その日の予定を確認することができそうであった。国語や数学の時間では，文字や計算のアプリが使えそうであった。作業学習の時間では，自分からタブレット端末を見てその日の作業内容や注意点を確認しながら取り組めそうであった。

　担任は実際の取り組みや課題を 1 週間ごとに記入し，サーバへデータで提出する。ICT 担当は，担任の活用状況を集約し，学部会や学年会に提示する。そこで，情報交換した結果を ICT 担当が集約すれば，全校で取り組む標準を明らかにしていくことができる。最終的には，ICT の推進組織で自校の標準モデルとしてまとめ，全校研修を開催し，全教員で共有する。そのデータをサーバ上に蓄積する。この全校の標準モデルと担任による活用モデルを引き継ぐ

資料 9 - 4　担任による ICT の活用

<u>　　　　　　　　　　　　　高等部　　　1 年　　1 組　　氏名　情報　太郎</u>

タブレット端末のアプリやプレゼンテーションツール，大型モニター等の利用状況
〇タブレット端末（プレゼンテーションツールや動画等含む）　☆大型モニターへの投影
□その他（PC，スマートフォン等）

曜日	4／12（月）	4／13（火）	4／14（水）	4／15（木）	4／16（金）
朝の会	〇（タブレット端末の時間管理アプリを用いて，その日の予定を確認する）				
1 時間目 （科目名）	国語 〇（文字の読み書き，物の名前等のアプリ）			数学 〇（物の数，お金の計算等の アプリ）	
休み時間					
2 時間目 （科目名）	体育	音楽	体育	音楽	体育
休み時間					
3 時間目 （科目名）	作業学習 〇（タブレット端末を見てその日の作業内容や注意点を確認しながら取り組む）				
4 時間目 （科目名）					
給食					
休み時間	〇（好きな音楽や動画を見て楽しむ）				
掃除時間					
5 時間目 （科目名）	自立活動	自立活動	美術	自立活動	総合的な探求 の時間
休み時間					
6 時間目 （科目名）	情報 □（PC でのワープロ練習）		美術	HR	総合的な探求 の時間
帰りの会	☆（今日の振り返りをクラス全体で見る）				

今週の評価

朝の会が大型モニターの写真を見せられなくても自分からタブレット端末を見て確認しよう
とすることができるようになってきた。

次週の課題

体育のダンスの時間で，自分のボディイメージがわきにくい様子がある。これも ICT 担当
に相談する。

（出所）筆者作成。

資料9-5　個別の教育支援計画や指導計画に基づく ICT の活用

児童生徒の実態	現状の支援	ICT の活用
予定の変更に混乱する	・絵カードスケジュールを示し，確認させる	・登校時に，タブレット端末で予定を確認
発語や会話が困難	・身振りやサイン，カード，文字盤等を使ってのコミュニケーションを教師が教える	・音声合成アプリケーションの利用 ・必要な例文を選び，自分で編集，追加できる
読字や漢字の読みを覚えるのが困難	・教師が読み仮名を振ったり，本の行に合わせた枠を作成したりするなど，教師の支援を受けながら読む	・文字データを音声化できるアプリケーションの利用 ・読んでいる部分を反転させるなど，読字を助ける

（出所）筆者作成。

ことで，児童生徒への一貫した支援を継続することができる。

（3）個に応じた ICT の活用

　さらに，担任が学級の児童生徒の個に応じた ICT の活用を進める。ICT 担当者は，教務部と連携して，すでに作成している個別の教育支援計画や個別の指導計画に，ICT の活用を周知する。

　資料9-5に現状の支援を置き換える例を示した。現在記載されている合理的配慮の事項を中心に，ICT を活用することで児童生徒の主体性が向上する内容に置き換える。例えば，予定の変更があった場合，現在は担任が絵カードやスケジュールを示して児童生徒に確認させていた。それをタブレット端末に置き換えることで，児童生徒が自分で確認することができる。これらの活用方法は先述の時間割と同様に，サーバ上に蓄積し，それを ICT 担当が集約し，全校教師に職員会議等で示せば，職員研修につながる。

（4）児童生徒本人による主体的な活用

　障害に起因する困難を解決するためのアシスティブ・テクノロジーは，児童生徒本人による主体的な活用を目指す必要がある。そのためには，学校でタブレット端末を使って指導する際に，日常生活での活用を意図した指導を行う。

資料 9-6　児童生徒・保護者用のタブレット端末の取り扱いリーフレット

> 家庭での利用時間や使い方を保護者と相談して計画する。
> ・タブレット端末はケースやタオル等で包み，キズや破損に気を付ける。
> ・タブレット端末にシールを貼らない。また売却，故意に壊さない。
> ・あらかじめ決めた利用間帯を守る。
> ・片付ける場所や充電する場所を決める。
> ・SNS などネット上に個人情報や他の人の誹謗中傷を書かない。
> ・破損や盗難，また，機器の不具合があった場合，先生に届け出る。

（出所）岐阜県教育委員会（2020）を基に筆者作成。

　例えば，文字学習アプリケーションを使う場合，児童生徒にアプリケーションの起動，実際の操作，アプリケーションの終了などの操作を体験的に教える。また，その際に，使い方のルールや管理の仕方，家庭での活用計画も教える。

　学校で児童生徒がタブレット端末を活用できるようにした後で，さらに，家庭におけるタブレット端末の活用を保護者に支援する。資料 9-6 に示したようなタブレット端末の取り扱いについて，保護者が児童生徒と一緒に確認できるようなリーフレットを作るとよい。家庭での活用計画，タブレット端末の管理，使い方，情報セキュリティ等をわかりやすくまとめておく。

　そして，学校での使い方をビデオ動画や WEB 会議システムにより保護者にみてもらう。その上で，保護者と家庭でも取り組める内容を相談し，家庭での時間割や使い方を計画する。可能であれば，家庭での様子をタブレット端末に録画してもらい，担任に報告してもらう。

　以上のように，特別支援学校における ICT の活用は，これまで教師が個人レベルで取り組んできた支援を学校組織として作り出すことに転換させることができる。それは，教師の知識や経験の差を解消し，一貫した支援の継続性につながる。今後，ICT について，タブレット端末やアプリケーション開発は進んでいくであろう。そうした中で，学校や児童生徒に応じて，どのような機器をどのように支援していくことが有効かを見いだし，日常生活につなげることこそ，特別支援学校がなすべき ICT の活用であると考える。

引用・参考文献

稲木龍元（2017）「特別支援学校（知的障害）における指導と校務への ICT 活用」
　　『デジタル教科書研究』4，1-16頁。

岐阜県教育委員会（2020）「学習者用タブレット利用ガイド」。

中央教育審議会（2021）「「令和の日本型学校教育」の構築を目指して〜全ての子供た
　　ちの可能性を引き出す，個別最適な学びと，協働的な学びの実現〜（答申）」
　　（2021年2月7日アクセス）

デジタル教科書の今後の在り方等に関する検討会議（2021）「デジタル教科書の今後
　　の在り方等に関する検討会議中間まとめ」（2021年6月14日アクセス）

独立行政法人 特別支援教育総合研究所（2011）「障害の重度化と多様化に対応するア
　　システィブ・テクノロジーの活用と評価に関する研究」平成21年度〜22年度研究
　　成果報告書。

独立行政法人 特別支援教育研究所（2016）「特別支援教育で ICT を活用しよう」。

独立行政法人 特別支援教育総合研究所（2015）「特別支援学校における ICT 活用の
　　全国調査（速報）」（2020年5月28日アクセス）

甫立将章・内倉広大・佐藤誠（2019）「特別支援学校（知的障害）における個に応じ
　　た ICT の活用に関する取組」鹿児島大学教育学部教育実践研究紀要28巻，353-
　　362頁。

堀田龍也・為田裕行・稲垣忠・佐藤靖泰・安藤明伸（2020）『学校アップデート──
　　情報化に対応した整備のための手引き』さくら社。

文部科学省（2018）「特別支援学校幼稚部教育要領・小学部・中学部学習指導要領平
　　成29年4月告示」海文堂出版。

文部科学省（2019）「特別支援学校高等部学習指導要領（平成31年2月告示）」海文堂
　　出版。

文部科学省（2020a）「教育の情報化に関する手引（追補版）」（2021年2月7日アクセ
　　ス）

文部科学省（2020b）「特別支援教育における ICT の活用について」（2021年3月27日
　　アクセス）

文部科学省（2020c）「平成29年・30年度学習指導要領」（2020年2月28日アクセス）

文部科学省（2020d）「令和元年度学校における教育の情報化の実態等に関する調査
　　結果（概要）」（2021年2月7日アクセス）

文部科学省（2021）「学習者用デジタル教科書の効果的な活用の在り方等に関するガ
　　イドライン」（2021年6月14日アクセス）

（原純一郎）

第10章

特別支援学校の保護者連携・協働

　　　　2015年12月の「チームとしての学校の在り方と今後の改善方策について」や2021年3月の「『令和の日本型学校教育』の構築を目指して」といった中央教育審議会答申では，学校と家庭や地域との連携・協働によって子どもの成長を支えていく必要性が指摘された。小中学校等における保護者連携・協働は，学校運営協議会や地域学校協働本部といった組織的なものである。一方，特別支援学校の場合，学校と家庭における連続的な教育・支援を行う教育のパートナーとしての保護者連携が求められる。

1　「チームとしての学校」と家庭，地域，関係機関との関係

　2015（平成27）年12月の中央教育審議会答申「チームとしての学校の在り方と今後の改善方策について」で述べられている「チームとしての学校」と家庭，地域，関係機関との関係について，一部を抜粋して紹介する。

（1）学校と家庭，地域の関係の変容
　元来，学校は地域の中にあるものであり，地域の協力や支援のもと，教育活動を展開してきた。その上で，近年は家庭や地域の力を学校に取り入れていくため，学校評議員制度，学校運営協議会や学校支援地域本部等の仕組みや学校の情報公開の取組が進められてきたところであるが，高齢化や過疎化が進展する中，学校と家庭や地域との関係についても従来とは変化が見られる。
　学校が抱える課題が複雑化・困難化している状況のなか，課題を解決してい

くためには，学校がより一層地域に開かれ，地域住民や保護者等が学校運営に対する理解を深め，積極的に参画することで，子どもの教育に対する責任を学校，家庭，地域と分担していくことが重要である。

（2）学校と地域との連携・協働

　学校や教員の基本的な役割は，子どもに必要な資質・能力を育むことであることから，学校と，家庭や地域との連携・協働によって，共に子どもの成長を支えていく体制を作っていくことにより，学校や教員が，学校教育を通じて子どもと向き合い，必要な資質・能力を子どもに育むための教育活動に重点を置いて，取り組むことができるようにすることが重要である。

　また，子どもの安全を確保する観点からも組織的かつ継続的に子どもの安全確保に取り組むなど，地域との連携・協働やボランティア等の地域人材との連携・協働は欠かすことのできないものであり，引き続き取組を進めていく必要がある。

　さらに，青少年団体やスポーツ団体，あるいは経済団体，福祉団体など地域で活動している団体は，各種の集団活動を通じて，子どもたちに社会性，協調性や積極性を養うための活動等に取り組んでおり，教育委員会や学校は，これらの団体と連携・協働し，子どもたちの様々な活動を充実していくことが重要である。

（3）学校と家庭や地域との連携・協働，PTAの活動

　学校が家庭や地域との連携・協働を進めるに当たっては，PTAの活動が重要となる。PTAは，子どもたちの健全育成を目的に，保護者と学校の協力により，学校及び家庭における教育に関し理解を深める様々な事業を行っており，学校の身近な応援団としての役割を果たすことが期待されている。

　特に，全国的な傾向によれば，多くの地域で若手の教職員が増加していることもあり，PTA活動を通じて保護者の経験等をいかした様々な協力を得ながら，学校，家庭，地域の連携・協働により子どもたちの生きる力を育む必要が

ある。

　このように，学校・家庭・地域という三者の連携・協働が考えられており，家庭との連携・協働については，PTA の活動のような集団として捉えられている。それに対して特別支援学校では，教師はその児童（生徒）の「保護者」として一人の子どもについて連携・協働することが不可欠であり，PTA といった集団でなく「〇〇さんの保護者」として向き合うことが特別支援学校ならではの連携・協働と言える。

2　特別支援学校における連携・協働の課題

　学校と地域社会との連携・協働について，小中学校等と特別支援学校の比較を資料10−1のように整理した。小中学校等における連携・協働は組織論的で，その対象が学校運営協議会や地域学校協働本部といった組織である。それに対し特別支援学校における連携・協働は実践論的で，障害のある児童生徒一人一人に対する個別の教育支援・指導に直接つながるものであり，その対象は学校と家庭における連続的な教育・支援を行う「保護者」となる。すなわち特別支援学校では，教育のパートナーとしての保護者連携が求められる。

資料10−1　学校と地域社会との連携協働—小中学校等と特別支援学校の比較—

	小中学校等	特別支援学校
目　　的	開かれた学校づくり	教育支援・指導の活性化
目　　標	効果的な学校運営	個別の教育支援・指導の向上
主な対象	学校運営協議会 地域学校協働本部など	保護者
課　　題	保護者の参加意識の低さ 支援≫協働	教育的ニーズの認識のズレ 保護者の過干渉 ヤングケアラーの存在 支援≧協働
改善の方向	目的・課題意識の共有 連携共同組織の活性化 支援＋協働	教育支援・指導の価値・目標の共有化 教育支援・指導の協働化 **支援＝協働**

ところが，保護者は障害に関して当事者性が高いため，学校（教師）との関係で教育的ニーズの認識と教育支援・指導の目標にズレが生じてしまう。そのズレを解消することが，特別支援学校における保護者との連携・協働の大きな課題となる。

3　特別支援学校における保護者支援

（1）保護者支援の内容

　古川・宮寺（2015）は，知的障害特別支援学校の教員による自閉症スペクトラム（ASD）児の家族に対する支援の現状を明らかにすることを目的として，家族支援に対する質問紙調査を実施した。資料10－2は，「いつも行っている」「ほとんど行っている」と回答した割合が80％以上の，実施率の高かった家族支援に関する質問項目である。また，質問項目を因子分析した結果，実施度・重要度ともに高かった因子の共通点は，家族に直接関わりながら，子どもの様子を伝えたり，家族の話を聞いたりしている点であった。特別支援学校の教員は，家族への直接的な関わりによる支援という視点の重要性を十分に認識して日常的に実施し，家族との信頼関係を築きつつ学校での様子をこまめに伝え，子どもの特徴に応じた支援方法を提案している。

　一方で，外部機関との連携は実施率が低く，外部機関との連携は今後の検討課題と言える。また障害のある子どものきょうだいに関連する支援はほとんど行われていなかった。障害のある子どものきょうだい，いわゆる「ヤングケアラー」の問題については後述する。

　子どもの様子を保護者に伝えることについて三宅（2012）は，問題行動のエピソードを伝える際に，①事実のみを伝えるのではなく，エピソードに至る前の状況，要因と背景，プロセスを全て伝えること，②なるべく肯定的に話をするほうが保護者との友好的な関係を築きやすい，と述べている。これは，古川・宮寺（2015）の質問項目にある「肯定的な表現で子どもの様子を伝える」の内容を具体的に示したものと言えよう。

資料10 - 2　実施率の高かった家族支援の内容

グループ	家族支援に関する質問項目
家族の対応に対する具体的な支援	・連絡帳，電話などで保護者に分かりやすいよう伝え方を工夫する。 ・日常の子どもの対応について話し合う際，保護者の考えを聞いて取り入れる。 ・各家庭に合わせた支援方法を伝えるために家族の状況を把握する。
家族との信頼関係づくり	・毎日連絡帳などで連絡を取り合う。 ・肯定的な表現で子どもの様子を伝える。 ・「一緒に子どもを教育していく」という姿勢を示す。 ・家族の気持ちを受容する。 ・家族の気持ちをくみ取って，配慮や声かけをする。 ・送り迎えの際などにできるだけ顔を合わせる。 ・家族がした子どもへの対応を認める。 ・家族が学校に来やすくなるよう，受け入れの姿勢を示す。（学校をオープンにする。） ・すぐの実施が困難な場合の家庭からの要望に対して「ここまではできます」と歩み寄りの姿勢を示す。
子どもに対する情報提供	・子どもができたことを伝え，そのときの状況を説明する。 ・家族が来校の際は子どもの活動の様子，教材などを見てもらうようにする。 ・子どもに身に付いた力，次の課題を説明する。 ・一日の活動の様子を詳細に伝える。

（出所）古川・宮寺（2015）を参考に筆者が作成。

　上村・石隈（2000）は，教師から保護者に提供されるサポートとして，①子どもや母親の問題行動を指摘したりアドバイスや情報提供を行ったりして行動改善を期待する「指導的サポート」，②個別に時間を割いたり教材を準備したり，時間や労力を提供する「道具的サポート」，③母親のがんばりをねぎらったりポジティブに評価したりする「情緒的サポート」を挙げており，「道具的サポート」が最も援助的と考えられやすい。また，上村・石隈（2007）は，保護者との関係構築のプロセスとして①保護者の話を傾聴していることを示す「傾聴的発言」，②自らの感情や体験，価値観を伝える「自己開示的発言」，③保護者をねぎらう「社会的発言（ねぎらい）」を挙げ，これらの発言は援助の具体化に直接関係する発言ではないものの，保護者との関係を構築する上で重要な役割を担っていると指摘している。

（2）障害のあるきょうだいをもつ「ヤングケアラー」の支援

　「ヤングケアラー」とは，法令上の定義はないが「家族にケアを要する人がいる場合に，人が担うようなケア責任を引き受け，家事や家族の世話，介護，感情面のサポートなどを行っている，18歳未満の子ども」のことを言う（日本ケアラー連盟，2021）。ケアが必要な人は主に障害や病気のある親や高齢の祖父母だが，きょうだいや他の親族の場合もあり，保護者への支援と合わせて「ヤングケアラー」である障害児のきょうだいをもつ兄・姉・弟・妹への支援も不可欠となる。

　厚生労働省・文部科学省の副大臣を共同議長とするヤングケアラーの支援に向けた福祉・介護・医療・教育の連携プロジェクトチームは，日頃からの子ども本人の観察や，例えば保護者面談や各種行事等，保護者が学校に関わる様々な機会において，教職員がヤングケアラーの特性を踏まえて子ども本人や保護者と接することで，家庭における子どもの状況に気付き，必要に応じて学校におけるケース会議等において関係者間で情報を共有する等の取組が，ヤングケアラーの早期発見・把握につながるとしている。

　一方で，ケアをしている子どもの実態は様々であり，家族の状況を知られることを望まない場合があることにも留意する必要があり，教育委員会の教育相談担当者等を対象とした研修の実施や，各地方自治体において教育委員会と福祉・介護・医療の部局とが合同で研修を行うなどして，スクールカウンセラー，スクールソーシャルワーカー含む教職員へのヤングケアラーの概念等についての理解促進が求められている。

　堀越（2021）は，ヤングケアラーへの影響として，ケアをすることで年齢の割に高い生活能力，病気や障害への理解，思いやりがあることなどプラスの影響があるが，ケアが優先され自分のことが後回しになることでストレスを感じる，話せる人がいなくて孤独である，睡眠不足であるなどの心身の健康，勉強の時間が取れない，部活ができない，遅刻が多いなどの学校生活，自分の時間が取れず友人と遊ぶことができない，進路について考える余裕がない，受験の準備ができないなどの人生の選択にマイナスの影響が出ることを挙げている。

そして，特に大事なことは子どもの話をよく聞いて支援につなぐアセスメントだと指摘している。

　埼玉県では全国に先駆け，全国初の「埼玉県ケアラー支援条例」を2020（令和2）年3月31日に公布・施行し，それに基づき「埼玉県ケアラー支援計画」（2021年度〜2023年度）を策定した。学校での支援として，① 校内で情報共有（欠席がちになった，遅刻や早退が多いなどの情報を共有），② 本人への聞き取り（話したがらない場合も，支援への意向確認），③ 支援に必要性の判断と支援期間下の連絡，④ 校内での支援体制の確認，といった対応が考えられる。

4　特別支援学校の保護者連携・協働の課題

　柳澤（2014）は，保護者と連携を行う上で教師に求められる要件について「信頼関係（trust）」，「コミュニケーション（communication）」，「専門性（competence）」，「敬意（respect）」，「献身（commitment）」，「対等性（equality）」，「アドボカシー（advocacy）」の7つの観点から言及している。その内容を項目別に資料10-3に整理した。

　さらに柳澤（2014）は，教師と保護者が信頼関係を構築し，その関係を強固にしていくために大切なこととして

- ・個別の相談や情報伝達の場だけではなく日常的なコミュニケーションが図られること。
- ・教師と直接的にやり取りすることを好む保護者もいればそれを好まない保護者も存在するので，保護者とのコミュニケーションの図り方は，個々の保護者の状態に応じて対応すること。
- ・保護者に障害のある子どもの支援者として協力・参画してもらうために必要と捉えるのではなく，一個人としての保護者を知る，尊重するという側面も持ち合わせること。
- ・保護者の思いを傾聴し理解を示しながらも，障害のある子どもに関する専門的な助言や支援を行うことで，保護者が障害のある子どもの擁護者

資料10-3　保護者と連携を行う上で教師に求められる要件

		保護者の思い	教師に求められる要件
1	信頼関係	学校での悩みについての相談相手として教師に相談を行っている保護者は少ない。 相談したものの悩みや不安が解決しなかったことが学校への不信につながっている。	保護者にとって教師は頼りがいがあると認識されること。また，保護者に助言した後，相談が解決したのか気にかけフォローすること，お互いに共有した情報を管理すること。
2	コミュニケーション	教師と保護者のコミュニケーションの欠如は，子どもについての有益な情報を共有することを妨げる。このことは，教師と保護者が意思疎通することを阻み，ひいては障害のある子どもへの指導・支援にも支障をもたらす場合もある。	保護者が，教師と障害のある子どもについて情報を共有したいと思えるように教師が保護者に親しみをもって対応すること。 教師からの指示や提案が一方的にならないように心掛け，保護者の理解力や状態に応じてコミュニケーションを図ること。 形式的に保護者に情報を提供するのではなく，保護者にとって必要な情報を整理して提示すること。
3	専門性	保護者は，障害のあるわが子に適切な教育が行われるために，教師が専門的な知識や技能を身につけることを望んでいる。 障害のある子どもの保護者の中には，わが子に障害があることで悲観し，子どもの将来に可能性を見出すことが困難な場合がある。	自身の指導力を向上させていくよう学び続ける姿勢をもつこと。 保護者が子どもの将来に前向きな気持ちを抱いて子育てができるように実現可能な目標を掲げ，家庭でも可能な取組を具体的に提案することによって保護者にわが子の成長を実感させて，子育てへの意欲を高めていくこと。
4	敬意	個々の家庭には，それぞれ独自の考え方や価値観，習慣がある。 障害のある子どもや保護者の困難な面ばかりを強調すると，保護者は自信を喪失し，教師からの関わりを避けるようになり，保護者と教師のコミュニケーションを妨げてしまうことになりかねない。	家族の在り様は多様であることを認識し，個々の家族の置かれている状況を理解し尊重すること。 保護者の強みを把握し，それを保護者との連携場面に活かしていく視点をもつこと。 保護者の頑張りを評価すること。
5	献身	障害のある子どもの保護者とその家族は，障害のある子どもの将来への不安，周囲の偏見や誤解等，様々な悩みを抱えている。	こうした障害のある子どもに関わる保護者の悩みや心情を敏感に察知し，共感しながら保護者からの相談に力を尽くすこと。
6	対等性	保護者と教師の関係においてどちらか一方が決定権をもち優位に立つことは，両者の関係のバランスを崩し，いさかいの原因となる。	話し合いの場では，教師の視点だけでなく保護者の視点も交えて検討していくこと。保護者の役割を尊重することになる。 また，保護者が障害のある子どもについての問題を解決したり，意思決定できるように支援したりすること。保護者が自身の役割に自信をもつことにもつながる。
7	アドボカシー	保護者は教師からの情報提供や学校での対応方針が全く示されないと，教師が子どもの問題をあたかも学校や教師の活動と切り離して捉えているように感じる。	教師は保護者が抱えている子どもの問題を整理し，問題解決の糸口を示すことにより，保護者が障害のある子どもへの支援の手立てを見出すことができるように支えていくこと。

（出所）柳澤（2014）を参考に筆者が作成。

や支援者として成長していけるように後押ししていく。

の４点を挙げ，以上が教師に求められる要件となるが，保護者との連携には，特定の教師が全ての責任を負うのではなく，学校全体で障害のある子どもの保護者を支えていく意識と体制づくりが不可欠であると指摘している。また，教師個人と学校組織に求められる要件を勘案し，誰のために，何をどのように行うのかという視点から連携の中身を吟味し，教師と保護者のとの連携の実践を積み上げ，教師と保護者が連携することの意義や効果を実証していくことが必要である，と結んでいる。

5　特別支援学校の保護者連携・協働のモデル

（1）「個別の教育支援計画」「個別の指導計画」に基づく保護者との合意形成

　本章で繰り返し述べているように，特別支援学校では教育のパートナーとしての保護者連携が求められている。保護者と連携・協働して創り上げるものに「個別の教育支援計画」や「個別の指導計画」があるが，教師と保護者の間に教育支援・指導の目標にズレが生じるという課題を解決するためには両者の合意形成が求められる。

　阿部（2017）は，障害者差別解消法の制定・施行に伴って新たに導入された概念である「合理的配慮」をめぐって，学校教育において求められている「合理的配慮」とは何かを，法令や文献を根拠として明らかにした。その結果，学校教育において求められる「合理的配慮」とは，「設置者・学校及び本人・保護者」との「合意形成」そのもののことであり，その具体は「個別の教育支援計画」「個別の指導計画」にある必要な配慮と適切な支援ということであると結論付けている。

　その中で，2007（平成19）年４月の文部科学省「特別支援教育の推進について（通知）」を資料10 - 4のように図示し，環境を準備できるように組織的な学校態勢を組んだ上で，「個別の指導計画」をPDCAサイクルにのせて確実に実施していくことの重要性を説いている。そして「複数のアセスメントの実施

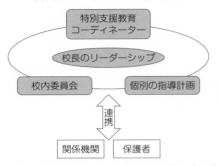

資料10 - 4　特別支援教育の推進

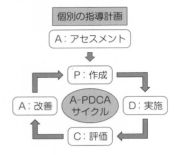

資料10 - 5　A-PDCA サイクル

（出所）資料10 - 4，10 - 5はいずれも阿部（2017）。

による的確な実態把握を行うことは，エビデンス・ベースドな指導を確立できることであり，それはすなわち保護者との合意形成を図る上でも大きな意味をもつ」として，資料10 - 5のようなアセスメントを重視した特別支援教育の A -PDCA サイクルを提案している。特別支援学校においては，必要な配慮と適切な支援を保護者との連携のもとに「個別の教育支援計画」「個別の指導計画」に基づいて確実に実施していくことこそが「合理的配慮」の提供になると考えられる。

　「個別の教育支援計画」「個別の指導計画」は，作成した後，１年間の中でどのように取り組むかが大切になる。家庭訪問や懇談といった節目で「個別の教育支援計画」「個別の指導計画」について話題にし，保護者と情報共有していくことが望まれる。また，次年度への引継を保護者に同意を得て，今年度の評価と次年度の目標を現担任が作成する。それを次年度の担任へ引き継ぐことで，新年度の初めにはもととなる「個別の教育支援計画」「個別の指導計画」がすでにできあがっており，新担任はこれらの作成に必要以上にエネルギーをかけずとも，実際の児童生徒の姿を踏まえて加筆修正すればよいことになる。

（2）保護者との合意形成や合理的配慮の過程

　倉林ら（2018）は，特別支援学級在籍児童の２名が学年行事である林間学校

資料10 - 6　丹野（2014）による合理的配慮の過程

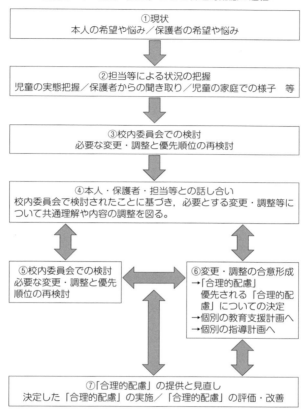

① 現状
本人の希望や悩み／保護者の希望や悩み

② 担当等による状況の把握
児童の実態把握／保護者からの聞き取り／児童の家庭での様子　等

③ 校内委員会での検討
必要な変更・調整と優先順位の再検討

④ 本人・保護者・担当等との話し合い
校内委員会で検討されたことに基づき，必要とする変更・調整等について共通理解や内容の調整を図る。

⑤ 校内委員会での検討
必要な変更・調整と優先順位の再検討

⑥ 変更・調整の合意形成
→「合理的配慮」
優先される「合理的配慮」についての決定
→個別の教育支援計画へ
→個別の指導計画へ

⑦「合理的配慮」の提供と見直し
決定した「合理的配慮」の実施／「合理的配慮」の評価・改善

（出所）倉林ほか（2018）。

に参加した事例において，提供した合理的配慮とその合意形成の過程についてまとめ，資料10 - 6 に示した既存のモデル（丹野，2014）と比較検討した。倉林らの事例における合意形成過程は林間学校という特別なイベントであったためやや異なるが，基本的には丹野（2014）の合理的配慮の協議と過程におけるモデルに準拠することで合意形成はでき，合理的配慮を適切に提供できると考えられる。

　なお，合意形成の過程においては，

・保護者からの聞き取りをより一層丁寧に行うなど，児童の実態把握をより正確に行う必要がある。

・合理的配慮を提供している姿を直接保護者に観察してもらったことが，児童の実態をより深い理解につながった。合理的配慮提供の実際を保護者に見てもらうことは有益である。

・保護者にどこまで協力依頼するかについては，教職員の間で理解に差が見られた。その差を解消し，合理的な配慮を適切に提供できるように，更なる研修が必要である。

といった点が指摘されている。

（3）保護者との連携・協働による「個別の教育支援計画」の作成・活用

「自立と社会参加」は特別支援教育の大きな目標であり，ここでいう「自立」とは「児童生徒がそれぞれの障害の状態や発達の段階等に応じて，主体的に自己の力を可能な限り発揮し，よりよく生きていこうとすること」を意味している（文部科学省，2018）。「個別の教育支援計画」は，自立と社会参加に向けて障害のある児童生徒等の一人一人のニーズを正確に把握し，長期的な視点で乳幼児期から学校卒業後までを通じて一貫して的確な教育的支援を行うことを目的としており，作成に当たっては保護者の積極的な参画を促し，計画の内容について保護者の意見を十分に聞くことが不可欠である。

具体的には，児童生徒等本人や保護者の希望や願いを記載する欄があり，それを年度末に評価をすることで支援の振り返りの記録としても活用されているが，年度初めや年度末だけでなく1年間の中で「個別の教育支援計画」をどのように活用するかが大切になる。送迎の際に直接話したり日々の連絡帳でやりとりしたりと，保護者とは日常的な連携が図られている。それに加えて，家庭訪問や懇談といった節目では保護者と「個別の教育支援計画」についても話題にし，必要に応じて目標や手だてを修正したい。

そして年度末には1年間の成果と課題を保護者と共有し，保護者の同意を得て「今年度の評価と次年度の目標」を現担任が作成し，次年度の担任に引き継

ぐ。こうすることで新年度の初めには「個別の教育支援計画」の原型ができていて，新担任は実際の児童生徒の姿を踏まえて加筆修正する。

　こうした1年間の流れや「個別の教育支援計画」作成，保護者懇談などの方針を職員会や学部会で示すとともに，その具体について学年会で確認するといった組織的なシステムを確立することで，児童生徒等の自立と社会参加に向けて保護者と連携・協働した教育活動を営むことができるであろう。

引用・参考文献

阿部敬信（2017）「特別支援学校及び特別支援学級における『合理的配慮』とは何か」『別府大学短期大学部紀要』36，11-20頁。

上村恵津子・石隈利紀（2000）「教師からのサポートの種類とそれに対する母親のとらえ方の関係——特別な教育ニーズを持つ子どもの母親に焦点をあてて」『教育心理学研究』48，284-293頁。

上村恵津子・石隈利紀（2007）「保護者面談における教師の連携構築プロセスに関する研究——グラウンデッド・セオリー・アプローチによる教師の発話分析を通して」『教育心理学研究』55，560-572頁。

倉林正・霜田浩信・丹野哲也（2018）「合理的配慮提供時における合意形成についての検討」『群馬大学教育実践研究』35，75〜182頁。

埼玉県（2020）「埼玉県ケアラー支援条例」（2021年8月10日アクセス）

埼玉県（2021）「埼玉県ケアラー支援計画　令和3年度〜令和5年度（2021年度〜2023年度）」（2021年8月10日アクセス）

丹野哲也（2014）「『合理的配慮』の協議と過程」『初等教育資料』909，76-79頁。

中央教育審議会（2015）「チームとしての学校の在り方と今後の改善方針について（答申）」（2021年6月30日アクセス）

中央教育審議会（2021）「『令和の日本型学校教育』の構築を目指して（答申）」（2021年6月30日アクセス）

登内光・上村恵津子（2017）「連携における保護者と教師のパートナー関係構築」『信州大学教育学部研究論集』11，219-238頁。

日本ケアラー連盟（2021）「ヤングケアラープロジェクト」（2021年8月10日アクセス）

古川めぐみ・宮寺千恵（2015）「知的障害特別支援学校の教員による自閉症スペクトラム児の家族支援の現状調査」『特殊教育学研究』第53巻4号，251-259頁。

堀越栄子（2021）「健やかな成長とライフチャンスの保障を」『中日新聞サンデー版
　　子どもが介護や家事を担うヤングケアラー』2021年5月23日。

三宅幹子（2012）「特別な支援を必要とする子どもの保護者と教師との連携における
　　課題——学校における保護者の支援ニーズへの対応」『福山大学こころの健康相
　　談室紀要』6，73-80頁。

文部科学省（2018）『特別支援学校教育要領・学習指導要領解説　自立活動編（幼稚
　　部・小学部・中学部）』開隆堂出版。

柳澤亜希子（2014）「特別支援教育における教師との保護者の連携——保護者の役割
　　と教師に求められる要件」『国立特別支援教育総合研究所研究紀要』41，77-87頁。

ヤングケアラーの支援に向けた福祉・介護・医療・教育の連携プロジェクトチーム
　　（2021）「ヤングケアラーの支援に向けた福祉・介護・医療・教育の連携プロジェ
　　クトチーム報告」（2021年7月8日アクセス）

（松本和久）

第11章

特別支援学校のセンター運営

　　2007年の特別支援教育元年において，特別支援学校は教育事業のみならず支援事業——地域の特別支援教育のセンター的機能を担うこととなった。本章は支援事業の実施の上で重要となるセンター運営を対象として，実践，研究の蓄積を参照しながら，それに必要となる学校管理職の考え方や行動に迫っていく。

1　センター運営の原理的課題

（1）センター的機能の法的根拠と例示

　2006（平成18）年学校教育法改正により特別支援学校にセンター的機能が加えられた。この改正では，同法第8章の名称が「特殊教育」から「特別支援教育」となり，同法71条の3（現・74条）に「特別支援学校においては，第七十二条に規定する目的を実現するための教育を行うほか，幼稚園，小学校，中学校，義務教育学校，高等学校又は中等教育学校の要請に応じて，第八十一条第一項に規定する幼児，児童又は生徒の教育に関し必要な助言又は援助を行うよう努めるものとする」との規定が新設された（下線部筆者。条文は2021年現在。）。

　このように，特別支援学校となることで，学校の第一義的な事業である教育のみならず，他機関に対して助言又は援助を行う支援事業が加わった。それでは上記の第81条第1項に規定する幼児，児童，生徒とは誰のことであろうか。同条の規定は以下のとおりである（下線部筆者。条文は2021年現在。）。

> 第1項　幼稚園，小学校，中学校，義務教育学校，高等学校及び中等教育学校に
> おいては，次項各号のいずれかに該当する幼児，児童及び生徒その他教育上特
> 別の支援を必要とする幼児，児童及び生徒に対し，文部科学大臣の定めるとこ
> ろにより，障害による学習上又は生活上の困難を克服するための教育を行うも
> のとする。
> 第2項　小学校，中学校，義務教育学校，高等学校及び中等教育学校には，次の
> 各号のいずれかに該当する児童及び生徒のために，特別支援学級を置くことが
> できる。
> 一　知的障害者　二　肢体不自由者　三　身体虚弱者　四　弱視者　五　難聴者
> 六　その他障害のある者で，特別支援学級において教育を行うことが適当なもの

　条文のとおり支援の対象は，特別支援学級の対象となる障害児はもちろんの
こと，広く「教育上特別の支援を必要とする幼児，児童及び生徒」の教育であ
り，なすべき助言又は援助に必要となる知識・技術の範囲は相当に広い。

　ここで確認したいことは，特別支援学校の教育業務を通じて培われる知識・
技術はあくまでも特別支援学校の環境を条件とするということである。その特
別な知識・技術ゆえ，他機関の支援に容易に応用できるものとは言い難い。し
かし，支援業務で求められているのはより広い知識・技術である（資料11-1）。

　この点，文部科学省が発出した2007年の通知では「特別支援学校においては，
これまで蓄積してきた専門的な知識や技能を生かし，地域における特別支援教
育のセンターとしての機能の充実を図ること」（文部科学省初等中等教育局長「特
別支援教育の推進について（通知）」平成19年4月1日（19文科初第125号））としてい
た。知のズレを深く検討することなく特別支援学校の専門性に楽観的に期待し
ていたと言えるだろう。

　そして，公に示されたセンター的機能の内容は多岐にわたる。2005（平成17）
年の中教審「特別支援教育を推進するための制度の在り方について（答申）」
や2017（平成29）年の文部科学省「発達障害を含む障害のある幼児児童生徒に
対する教育支援体制整備ガイドライン」では次頁表のとおりである（資料11-
2）。

資料11‐1　センター的機能で求められる知のズレ

（出所）筆者作成。

資料11‐2　2005年答申及び2017年ガイドラインのセンター的機能の内容

2005年答申	2017年ガイドライン
① 小・中学校等の教員への支援機能	各学校の教職員への支援機能
② 特別支援教育等に関する相談・情報提供機能	特別支援教育に関する相談・情報提供機能
③ 障害のある幼児児童生徒への指導・支援機能	個別の指導計画や個別の教育支援計画等の作成への助言など，児童等への指導・支援機能
④ 福祉，医療，労働などの関係機関等との連絡・調整機能	教育，医療，保健，福祉，労働等の関係機関等との連絡・調整機能
⑤ 小・中学校等の教員に対する研修協力機能	各学校の教職員に対する研修協力機能
⑥ 障害のある幼児児童生徒への施設設備等の提供機能	児童等への施設設備等の提供機能

（出所）筆者作成。

　この具体例に基づけば，①，⑤は小中学校等の教員向け，②，③，⑥は障害児本人及び保護者向け，そして④は学校外機関向けの機能である。多様な機能を複数主体に向けて発揮することが期待されており，法定の支援内容（他機関の要請に応じた助言，援助）を超える。

　法的に検討するとセンター的機能は別の問題もある。学校教育法の設置者管理主義，負担主義の原則に立てば，都道府県立の特別支援学校が市町村立小・中学校等を支援するケースは本来成り立ちがたい。この原則に立てば都道府県立学校が支援する対象はせいぜい都道府県立学校であり，市町村立学校は対象外になるか，もしくは支援が必要なのであればそのコストを当該設置者が負担する必要がある。しかし，その原則を脇に置く形で実際には運用がなされている。そして，異なる設置者の学校間のコミュニケーションであるから，支援関係を築こうとしても，そのコストは当然ながら膨大なものとなる。それほどま

でしてセンター的機能を発揮しなければならないのである。

　なぜ特別支援学校に過剰とも言える課題が与えられたのであろうか。それは，特殊教育から特別支援教育への転換のポイントとなった2001（平成13）年の21世紀の特殊教育の在り方に関する調査研究協力者会議「21世紀の特殊教育の在り方について（最終報告）」を見ることでわかる。実はこの報告前から特殊教育諸学校の支援事業実施は，障害児・保護者向けの「地域の相談センター」という形で政策上期待されていた。しかし，上記報告は相談センターの役割を超え，「地域の特殊教育センター」としての役割を付与させようとした。これは，小中学校等，学級において新たに「発見」された発達障害児への指導・支援を行う専門的な知をそれら自身がほとんど持ち合わせていなかったことを背景とする。批判的に論ずるならば，分離的性格をもった特殊教育政策がもたらした「普通」学校における障害児教育の知の不足という構造的問題の解決を，障害児教育に関する専門性の高いとされる特別支援学校が担わされることになったわけである。

　しかし，滝坂が早くも2002（平成14）年に鋭く述べていたように，その専門性とは「決して自明のこととは言えない」し，小中学校等に在籍する子どもたちに対する教育の専門性が「特殊教育学校にいる教員にあると見ること自体が矛盾」である（滝坂，2002，75-76頁）。

　以上のように見ると特別支援教育元年において，特別支援学校には法制上，政策上に起因するミスマッチという難題が突き付けられていたと言ってよい。実際，吉利らの全国知的障害養護学校への調査では，53.0％の学校がLD児等への対応をセンター的機能の中で扱うことは無理があると考えており，85.8％の学校が指導のノウハウが蓄積されていないと回答している（吉利ほか，2005）。また，文部科学省「平成19年度　特別支援学校のセンター的機能の取組に関する状況調査」では，センター的機能を実施する上での課題の上位3項目は，「地域の相談ニーズへ応えるための人材を校内で確保すること」（78.1％），「多様な障害に対応する教員の専門性が不十分なこと」（69.6％），「各小・中学校等への支援の内容・方法等のノウハウが不十分なこと」（51.0％）であった。

一方，「地域の小・中学校等の特別支援教育の重要性について理解が不足していること」（47.0％），「地域の小・中学校等がセンター的機能の活用の仕方を理解していないこと」（45.6％）というように，支援を要請する側の理解の不足も見られていた。

（2）センター運営の現状：引き続く課題

　ところで，センター的機能の発揮に関し，2005（平成17）年答申では「センター的機能が有効に発揮されるための体制整備」の項目を設け，「各学校においては，校長のリーダーシップの下に，それぞれに求められる役割に応じて目的・目標を明確にして，組織や運営の在り方を再構築し，その成果を定期的に評価するなど一層効果的な学校経営が求められる。さらに，センター的機能のための分掌や組織（例えば「地域支援部」など）を設けて校内の組織体制を明確にすることが望ましい」としていた。また，2007（平成19）年通知では，センター的機能を発揮するにあたり「特別支援学校において指名された特別支援教育コーディネーターは，関係機関や保護者，地域の幼稚園，小学校，中学校，高等学校，中等教育学校及び他の特別支援学校並びに保育所等との連絡調整を行うこと」としており，特別支援教育コーディネーター（以下，コーディネーター）が主要な役割を果たすことを念頭に置いていた。なお，2005年答申では「可能な限りコーディネーターとしての校務に専念できるよう必要な配慮が行われるようにする」ことを体制整備上の課題としている。

　このように2005年答申や2007年通知では，校長のリーダーシップの下で組織化を図り，他教育機関等の要請に応じて主にコーディネーターによる具体的な連携を行いながら支援をすることをモデルとして示している。

　当初難題を抱えスタートしたセンター運営は，これまでの10数年間で上記のような校内体制を整えるという意味では安定したものと見られる。文部科学省「平成30年度 特別支援教育に関する調査」によれば2017（平成29）年度時点でセンター的機能を主に担当する分掌・組織を設ける学校は96.3％（国立91.1％，公立97.1％，私立57.1％），コーディネーターを複数配置している学校は77.2

％（国立64.4％，公立78.4％，私立35.7％）となっている。東京都の公立特別支援学校のコーディネーターを対象とした田中らの研究では，ほとんどの学校で校内組織が設けられ，また9割を超える学校がセンター的機能を学校経営計画に位置づけていることが示されている（田中ほか，2013）。

　しかし，基本的なミスマッチの問題は解消されないままに継続している。特別支援教育元年から8年経過した時点での回答がなされた文部科学省「平成27年度 特別支援学校のセンター的機能の取組に関する状況調査」によれば，センター的機能を実施する上で特に課題と考えられる事項の上位3項目は，「多様な障害に対応する教員の専門性を確保すること」（75.1％），「地域の相談ニーズへ応えるための人材を校内で確保すること」（73.7％），「各小・中学校等への支援の内容・方法等のノウハウを確立すること」（43.7％）となっており，これらの項目は平成19年度調査と変わらない。

　また，小中学校等における特に課題と考えられる事項は，「全教員がセンター的機能の活用の仕方を理解していること」（21.8％）は低くなっているものの，「全教員が特別支援教育の重要性について理解していること」（73.4％），「特別支援教育実施のための校内体制を構築すること」（68.0％），「特別支援教育コーディネーターの専門性の向上を図ること」（66.0％）は高い割合となっている。

　これらの調査結果は，実務的な支援の仕方，活用の仕方といった知は特別支援学校，小・中学校等に蓄積しているが，前者の場合人材育成が，後者の場合特別支援教育の実施体制そのものを確立することが課題となり続けていることを示している。

　一方，人材育成の課題に拍車をかける問題が，担当部署やコーディネーターへの依存である。例えば，上述の田中らの研究では，自校の教職員がセンター的機能の意義を理解していると回答した学校は55.4％にとどまっている（田中ほか，2013，211頁）。多くの学校においてセンター運営が他人事になっている様子が理解できる。この状況は次代のセンター運営の中心を担う次世代コーディネーターの育成の困難さを示すものでもある。

　以上のように，特別支援学校に求められる大きな期待に対して，十分に応えられるだけの知を備えていないことが自ら認識され続けており，あわせて要請に対して特定の部署，教職員に依存している状況である。そしてまた小中学校等も十分な実施体制を築けているとは言えない。インクルーシブ教育システム構築が目指される現在，厳しい状況が継続しており，学校管理職はこれら課題を解決するマネジメントが求められていると言えよう。

2　どうすればセンター運営はうまくいくのか

　2017年の文部科学省ガイドラインでは「センター的機能を有効に発揮するための特別支援学校の体制整備」の項目を設け，センター運営の要点を挙げている（資料11‒3）。

　これまでに見た文部科学省の調査結果や研究成果を踏まえるとおおむね妥当

資料11‒3　2017年ガイドラインにおけるセンター運営モデル

校内体制の整備	・特別支援教育コーディネーターだけに任せきりにするのではなく，学校組織として対応していく。 ・センター的機能のための組織（例えば「地域支援部」等）を設け，校内の校務分掌への位置付けを明確にする。
関係機関等との連携	・特別支援学校が支援地域の中核となって，周囲の特別支援学校との互いの強みを生かした連携を行う。 ・各学校，医療機関，保健所，福祉機関，就労支援機関，発達障害者支援センター等のネットワークを構築する。
地域のニーズの把握	・各学校等で，どのようなニーズと活用可能な人材や組織があるのかを明確に把握する。 ・特別支援学校の人材や組織，実践事例等を活用して，どのような支援を行えばニーズに対応できるかを検討し，実施する。
専門性の充実	・障害等による困難に関する理解，実態把握の進め方，集団指導の中で行える支援内容及び個別の教育支援計画等の作成に係る助言等を行うための専門性。 ・早期からの教育相談を含めて多様な相談に対応できる知識や能力，様々な障害による困難への理解と指導技術，障害者福祉・雇用の制度の理解及び就労・移行支援に関する考え方等。

（出所）文部科学省（2017，54頁）を参照して筆者作成。

な内容となっているが，上述の課題を踏まえたマネジメントを行う上では十分とは言えない。このマネジメントのため3つのポイントが考えられる。1つ目は事業と成果の定義（第1項），2つ目は組織化と人材育成（第2項），3つ目は支援における戦略としてのエンパワメント（第3項）である。

（1）センター運営の事業の定義と成果の定義

　1つ目に事業と成果のそれぞれを定義することである。経営学における経営戦略論の概念として「事業ドメインの定義」というものがある。これは自らの組織がどのような事業領域（ドメイン）を対象にしているのかを明確にすることである。この意義は，①深い情報収集が可能となること，②どのような経営資源の蓄積が必要かの指針を与えることができること，③組織全体を一つの組織とする一体感をつくることにある（伊丹・加護野，2007，110-111頁）。特別支援学校にとっては，センター的機能の例示等を参照して，「誰に」「何を」「どのように」支援していくのかの選択をすることが事業ドメインの定義に他ならない。

　この定義にあたり留意することが「我が校」としてなす支援事業の成果を明確にすることである。企業の場合，事業ドメインの定義は収益と直結する。つまり，収益が見込めるからこそ一定の事業ドメインを定めるのである。一方，センター運営の場合，収益のような明確な成果は想定困難である。しかし成果の定義をしなければ支援事業のビジョンも達成すべき目標も不明確となる。この成果は学校管理職自身が定めることになるが，あえてそのことについて論ずるならば，支援事業の必要性が根本的には「困りの解消」に尽きることから，その成果は「障害児の教育に関する困りを持つ者の困りを減じること」と言えるだろう。しかし，第3項で改めて述べるように，困りをいかに減じるかは一定ではなく，また当然ながら特別支援学校の位置する地域の様々な条件によって異なる。このため，地域の状況の把握のもと「我が校」ならではの成果の捉えと，それに基づく事業ドメインの定義が必要となる。「全ての特別支援学校が制度的に一律の機能を担うのではなく，地域の実情に応じて柔軟に対応でき

資料11 - 4　特別支援学校の一般的な目標体系(左)と望ましい目標体系(右)

るようにすることが大切」（文部科学省，2017，54頁）なのである。

　このように事業と成果の定義ができればそれを学校経営計画に反映させることになる。ところで，先述の通り学校経営計画にセンター運営が明記されている学校は多いが，管見の限りほとんどの学校は教育目標と同一のレベルに位置づくような「支援目標」を定めていない。地域によって呼び名は異なるが，一段階低い重点目標か，さらに具体的取組レベルにのみ記載するケースも多い。つまり，教育事業とは別の事業を展開しているにもかかわらず，教育目標の範疇にそれを無理やり入れ込んでいる状態である。そして，教育事業と支援事業の展開によって教育目標が実現される筋道があるわけではなく，単に従来の学校経営計画に一項目足した構造となっている。学校教育法第74条の条文に見られるように本来別種類の事業なのであるから，別に目標を立てて組織化をし，センター運営の経営管理——典型的には PDCA のサイクル——によって改善を図ることが望ましいと言えよう（資料11 - 4）。

　もし現在身近に一般的な目標体系があり，それがもともと存在した学校経営計画の前例を踏襲しているだけであれば，学校管理職として変化させなければならない点である。また，教育委員会の用意する書式の問題で実現できないのだとすれば，それは改善を要求しなければならない点である。いずれの場合でも学校管理職の判断が必要となる。

（2）組織化と人材育成

　事業と成果の定義がなされてからなすべきは組織化である。既述のように9割を超える学校が校務分掌に位置づける形で独立した担当部署を設けている。

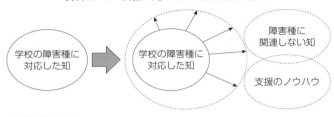

資料11‐5　支援に用いられる知の経時的変化

学校の障害種に対応した知

学校の障害種に対応した知

障害種に関連しない知

支援のノウハウ

（出所）筆者作成。

一方で，担当部署やコーディネーターに対する依存があり，かつ次世代コーディネーター育成に課題を有している。

　この課題は，基本的には前項でみたような学校経営計画の目標設定に関するマネジメントの問題に起因していると考えられる。つまり教育事業の様々な取り組みとセンター的機能が同レベルに置かれているため，特別にコーディネーター育成を学校組織としての課題に挙げ，改善を図ることが構造的に困難となっているのである。

　学校管理職はこのような構造的問題の解消をしつつ，センター運営を実施するための組織化と人材育成の課題を解決していくことが望まれる。それではこの解決にあたって留意すべきことは何だろうか。

　全国の特別支援学校のセンター的機能の現状を熟知した教員を対象に調査した井坂らは，当初特別支援学校はその教育の専門性の高い障害種に対応した支援を行っていたが，年を経るに連れて，当該障害種と関連しない発達障害にも対応するようになったことを示している（井坂ほか，2009；井坂ほか，2012；井坂ほか，2017）。つまり，支援に用いられる知は広がっていくのである（資料11‐5）。これに関連し，石橋らは独立校務分掌タイプの組織のほうが既存組織付加タイプやその他（委員会，係等）よりも支援のノウハウの蓄積がなされることを示している（石橋ほか，2008）。組織編制によって知の蓄積に差が出ることは認識される必要がある。

　図のような知の広がりは，センター運営を担うコーディネーター等の教員の学校組織内外でのOJT，Off-JTによる学びなどを通じ，外部環境に適応して

支援のための専門性が高まり得ることを示している。一方で，学校組織全体で見れば特定のコーディネーターのみが知を拡大させている可能性は否定できない。その場合，センター運営は当該コーディネーターの存在の有無という属人的要因により左右されることになり，決して望ましいとは言えない。

　そこでセンター運営の組織をデザインする際には，このようなコーディネーター等のもつ知を還流させる「学びの場」「学びの機会」を意図的に設けなければならない。センター運営組織に関し，田中らは，①分掌部会議を研修の機会として活用し，支援ケースの事例検討，コーディネーターとしての専門性を高める研修，国や県における特別支援教育の情勢等を学ぶ時間を設けること，②巡回相談等の地域支援に複数の教員で対応し，次世代コーディネーターも地域支援に同行することを挙げている（田中ほか，2013，9頁）。

　一方，運営組織だけでは学校組織全体の学びとはならない問題がある。既述のようにセンター的機能が低いレベルに置かれたり，運営組織に「お任せ」になっている現状ではなおさら意図的に工夫をする必要がある。この点，大阪府立佐野支援学校の事例は参考になる。この学校では校内で教員が教育相談員として登録し，コーディネーターに同行して地域支援を行う「登録制教育相談員」の制度を採用している。「同行を重ね，新たな支援のノウハウを習得した結果，単独で地域の相談に関わることのできる教育相談員」が育ち，また「熟練の教育相談員が経験の浅い教育相談員を連れ，地域に出て行くことで，人材の育成と確保ができるシステムが構築されつつある」と報告されている（福井，2012，141頁）。

（3）支援における戦略としてのエンパワメント

　第1節で確認したように，小中学校等における特別支援教育の校内体制の構築は課題となり続けていた。この状況が続くのであれば，支援は永遠に繰り返されるということになる。この点，石橋は「『小中学校の自立を促す支援』は，地域支援への要請が拡大している現状においては，考えなければならない課題」であり，「相談一つ一つに対して丁寧に答えていくことに加えて，地域の

学校園において課題を解決するための策を検討し，実施するという視点も重要」と述べている（石橋，2017，57頁）。同様に柘植は「小・中学校等は，何よりも，その課題を自ら解決する姿勢と努力が大切である。そのような基本的な姿勢や努力を育てていくような支援が特別支援学校に期待される」としている（柘植，2008）。すなわち，小中学校等が自ら課題を解決できる力を高めるエンパワメントの視点をもった関与をする必要があるということである。

　この点，エドガー・シャインはコンサルテーションに関して3つのモデルを提示している。すなわち，情報 - 購入（専門家）モデル，医師 - 患者モデル，プロセス・コンサルテーションモデルである（シャイン，2012）。前二者は特別支援学校教員という専門家あるいは医師が被支援者たる小・中学校教員に情報提供あるいは治療を行うという構図を示す。これらのモデルは支援により被支援者の主体性がなくなる問題をはらむ。そして支援者自身も「陥りやすい六つの罠」，すなわち① 時期尚早に知恵を与える，② 防衛的な態度にさらに圧力をかけて対応する，③ 問題を受け入れ，依存してくることに過剰反応する，④ 支援と安心感を与える，⑤ 距離をおいて支援者の役割を果たしたがらない，⑥ ステレオタイプ化，に陥る危険性がある（シャイン，2009，76-85頁）。

　そこでシャインが示すのはプロセス・コンサルテーションのモデルである。これは被支援者自らが自身の問題に気づき，改善するための学びを，プロセス上の支障に注目して支援するものである。

　特別支援学校教員は，問題となっている内容の専門家として助言することが可能である。しかしそれを実行し，成功した場合，次に問題に直面した際に改めて専門家に依存することになりかねない。そこで，主には問題解決のプロセス上の支障となっている課題に気づかせるような学びの機会を設けることで，小・中学校等が自ら解決を目指すようになる。

　実践レベルでは，支援者が関わる上で，個人ではなく学校内の一定の組織単位で学ぶことの重要性が指摘されている。例えば樋口は中学校での支援に関し，学年主任を中心とした学年組織で生徒の支援について情報交換や協議する時間を設けることの重要性を指摘している（樋口，2012，66頁）。これは個人の学び

に依存するのではなく，組織としての学びによって体制構築を図る発想である。

　ところで，徳永らの研究では，特別支援学級におけるセンター的機能活用上の課題として，コーディネーター経験がない教員や特別支援教育の経験が短い教員ほど，センター的機能に関する手続きや申請の仕方を知らないこと，コーディネーター経験がない教員ほど特別支援学校に相談することに心理的な抵抗があることを挙げている（徳永ほか，2016）。今後小・中学校の組織が若返りをする中で，上記のような知の不足や抵抗感によって特別支援学校との間で距離ができていくことは望ましくない。下手をすれば特別支援教育に関する課題が個々の教員の中で蓄積され，解決を図る段階で大きな問題となってしまう可能性は否定できない。組織としての学びはプロセス上の支障に気づかせる意味でも，危機管理の意味でも重要と言えよう。

　学校管理職として，小中学校等の学校管理職や当該学校を管理する教育委員会との間で連携を図り，エンパワメントの発想をもち関係をつくることのビジョン共有や，組織としての学びを可能とする一定の単位をルール化する工夫が必要となろう。障害児の教育に関する困りを共に減らしていくパートナーとしての立場を明確にしていきたい。

引用・参考文献

井坂行男・仲野明紗子（2009）「全国の特殊教育諸学校におけるセンター的機能の現状と課題」『特殊教育学研究』47(1)，13-21頁。

井坂行男・佐々木千春・池谷航介（2012）「特別支援学校におけるセンター的機能の発展性に関する検討」『大阪教育大学紀要 第4部門 教育科学』61(1)，1-18頁。

井坂行男・池谷航介・上福井彩（2017）「特別支援学校におけるセンター的機能の発展性に関する検討(2)」大阪教育大学教育学部特別支援教育講座『障害児教育研究紀要』40，109-128頁。

石橋由紀子（2017）「これからの特別支援学校の取組課題（センター的機能）」石橋由紀子・伊藤由美・吉利宗久編著『新しい特別支援教育——インクルーシブ教育の今とこれから』（共生社会の時代の特別支援教育第1巻），ぎょうせい，52-57頁。

石橋由紀子・牛山道雄・吉利宗久（2008）「知的障害養護学校におけるセンター的機能に関する調査研究——校内体制整備と小中学校等に対する支援を中心に」『発

　　達障害研究』30(1)，52-58頁。

石橋由紀子・谷芳恵・吉利宗久（2018）「都道府県及び政令指定都市教育委員会によ
　　る特別支援学校のセンター的機能の推進に関する実態及び意識調査」特別なニー
　　ズ教育とインテグレーション学会編『SNE ジャーナル』24(1)，143-153頁。

伊丹敬之・加護野忠男（2007）『ゼミナール経営学入門』日本経済新聞出版社。

シャイン，E.H.／金井真弓訳・金井壽宏監訳（2009）『人を助けるとはどういうこと
　　か──本当の「協力関係」をつくる 7 つの原則　第 2 版』英治出版。

シャイン，E.H.／稲葉元吉・尾川丈一訳（2012）『プロセス・コンサルテーション
　　──援助関係を築くこと』白桃書房。

滝坂信一（2002）「盲・聾・養護学校の『センター化』その背景と課題──日本型
　　『万人のための教育』，『万人のための学校』の模索」日本特別ニーズ教育学会
　　『SEN ジャーナル』8(1)，57-81頁。

田中雅子・奥住秀之・池田吉史（2013）「特別支援学校の学校組織におけるセンター
　　的機能のシステムのあり方──全国30の特別支援学校・教育センターの訪問調査
　　から」東京学芸大学学術情報委員会『東京学芸大学紀要　総合教育科学系』64(2)，
　　7 -17頁。

柘植雅義（2008）「小・中学校等と特別支援学校が相互に連携し合う仕組みと取り組
　　み──一方的なセンター的機能を超えて」『特別支援教育研究』610，4 - 7 頁。

徳永亜希雄・新谷洋介・生駒良雄（2016）「特別支援学校（肢体不自由）のセンター
　　的機能推進上の課題の検討──肢体不自由特別支援学級におけるセンター的機能
　　活用上の課題の検討を通して」特別なニーズ教育とインテグレーション学会編
　　『SNE ジャーナル』22(1)，132-146頁。

樋口陽子（2012）「北九州市特別支援学校 9 校のセンター的機能と特別支援教育コー
　　ディネーターの役割」柘植雅義・田中裕一・石橋由紀子・宮﨑英憲編著『特別支
　　援学校のセンター的機能 全国の特色ある30校の実践事例集』ジアース教育新社，
　　58-67頁。

福井浩平（2012）「地域への支援で本校の専門性もアップ！　～学校全体で取り組む
　　地域支援～」柘植雅義・田中裕一・石橋由紀子・宮﨑英憲編著『特別支援学校の
　　センター的機能──全国の特色ある30校の実践事例集』ジアース教育新社，140-
　　145頁。

文部科学省（2017）「発達障害を含む障害のある幼児児童生徒に対する教育支援体制
　　整備ガイドライン～発達障害等の可能性の段階から，教育的ニーズに気付き，支
　　え，つなぐために～」。

吉利宗久・太田正己・小谷裕実（2005）「全国知的障害養護学校における「センター

的機能」の実施状況と課題——「LD 児等」に対する支援を中心に」日本発達障
害学会編『発達障害研究』26(4)，279-288頁。

（雪丸武彦）

第12章

特別支援学級の学級経営

特別支援学級は小中学校等において，通常の教育課程を基本としながら，障害のある児童生徒の生きる力を育むための教育を行う。しかし，多様な児童生徒を対象として，特別支援学級担任の専門性は担保されていない。特別支援学級担任が生きる力を育む教育や保護者との連携をどのように進めればよいか，そして担任を支える校内体制をどう整備すればよいかについて述べる。

1　特別支援学級とは

　特別支援学級は，小中学校等において障害の種別ごとにおかれる少人数の学級である（文部科学省，2019b，6頁）。学校教育法第81条によって位置付けられ，通常の教育とともに，文部科学大臣の定めるところにより，障害による学習上又は生活上の困難を克服するための教育を行う。その対象は，知的障害，肢体不自由，病弱・身体虚弱，弱視，難聴，言語障害，自閉症・情緒障害であり（資料12-1），それぞれを対象とした学級がある。2013（平成25）年の改正学校教育法に基づいて，障害の状態，本人の教育的ニーズ，本人・保護者の意見，専門的見地からの意見，学校や地域の状況等を踏まえた総合的な観点から，特別支援学級への就学が決定され，必要な教育支援が明らかにされる。今日では，特別支援学級は，わが国におけるインクルーシブ教育の理念を実現するために，多様な学びの場の一つとして重要な役割が求められている（中央教育審議会，2012）。

　特別支援学級の状況（文部科学省，2020）を資料12-2に示した。特別支援学

資料12‒1　特別支援学級の対象

知的障害者	知的発達の遅滞があり，他人との意思疎通に軽度の困難があり日常生活を営むのに一部援助が必要で，社会生活への適応が困難である程度のもの。
肢体不自由者	補装具によっても歩行や筆記等日常生活における基本的な動作に軽度の困難がある程度のもの。
病弱者及び身体虚弱者	慢性の呼吸器疾患その他疾患の状態が持続的または間欠的に医療又は生活の管理を必要とする程度のもの。 身体虚弱の状態が持続的に生活の管理を必要とする程度のもの。
弱視者	拡大鏡等の使用によっても通常の文字，図形等の視覚による認識が困難な程度のもの。
難聴者	補聴器等の使用によっても通常の話声を解することが困難な程度のもの。
言語障害者	口蓋裂，構音器官のまひ等器質的又は機能的な構音障害のある者，吃音等話し言葉におけるリズムの障害のある者，話す，聞く等言語機能の基礎的事項に発達の遅れがある者，その他これに準じる者（これらの障害が主として他の障害に起因するものではない者に限る。）で，その程度が著しいもの。
自閉症・情緒障害者	自閉症又はそれに類するもので，他人との意思疎通及び対人関係の形成が困難である程度のもの。 主として心理的な要因による選択性かん黙等があるもので，社会生活への適応が困難である程度のもの。

（出所）文部科学省初等中等局長通知（2013年10月4日，25文科初第756号）より筆者作成。

級を設置している小学校は1万6460校（83.4％）で，中学校は7948校（77.8％）である。特別支援学級に在籍している児童生徒総数は28万人弱であり，義務教育全体の児童生徒総数の2.4％を占める。全体の児童生徒総数が年々減少している中で，特別支援学級の在籍児童生徒総数は増加し，特別支援教育制度が開始された2007（平成19）年に比較し，2.1倍になっている（文部科学省，2019b，5頁）。特別支援学級のうち知的障害と自閉症・情緒障害の学級が多く，それぞれ4割を占める。

資料12‐2　特別支援学級数，特別支援学級在籍者数，担当教員数及び
特別支援学級設置学校数（国・公・私立計）

障害種別	小学校		中学校		義務教育学校		計	
	学級数	児童数	学級数	生徒数	学級数	生徒数	学級数	児童生徒数
知的障害	19,994	90,462	9,010	38,105	158	700	29,162	129,267
	42.9%	45.3%	45.7%	49.4%	45.4%	47.8%	43.8%	46.5%
肢体不自由	2,341	3,552	794	1,119	1,526	3,150	4,697	
	5.0%	1.8%	4.0%	1.5%	4.3%	1.8%	4.7%	1.7%
病弱・身体虚弱	1,768	2,900	742	1,135	8	13	2,518	4,048
	3.8%	1.5%	3.8%	1.5%	2.3%	0.9%	3.8%	1.5%
弱視	387	447	149	179	1	1	537	627
	0.8%	0.2%	0.8%	0.2%	0.3%	0.1%	0.8%	0.2%
難聴	916	1,357	371	528	7	8	1,294	1,893
	2.0%	0.7%	1.9%	0.7%	2.0%	0.5%	1.9%	0.7%
言語障害	570	1,350	133	197	4	12	707	1,559
	1.2%	0.7%	0.7%	0.3%	1.1%	0.8%	1.1%	0.6%
自閉症・情緒障害	20,614	99,496	8,518	35,849	155	704	29,287	136,049
	44.2%	49.9%	43.2%	46.5%	44.5%	48.1%	43.9%	48.9%
総計	46,590	199,564	19,717	77,112	348	1,464	66,655	278,140
担当教員数	49,741		21,643		369		71,753	
設置学校数	16,460		7,948		80		24,488	

（出所）文部科学省（2020，3頁）。

2　特別支援学級の教育

　特別支援学級の教育の特徴を資料12‐3に示した。教育の目的は，小中学校等と同様であるが，加えて社会参加や自立に向けた生きる力を育む。そのために，特別支援学級では学級定員を少人数（1学級8名を標準）としている。ただし，学年の異なる児童生徒が在籍する複式学級的な学級が多い。

　教育課程は，小中学校等の学習指導要領に沿って編成するが，児童生徒の実態に応じて，特別支援学校の学習指導要領を参考とした特別な教育課程を編成

資料12-3　特別支援学級の教育の特徴

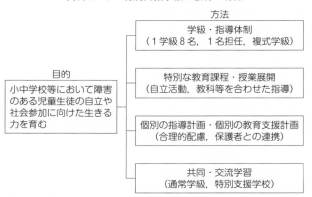

（出所）学校教育法第81条，学校教育法施行規則第138条を基に筆者作成。

することができる（学校教育法施行規則第138条）。すなわち，社会参加や自立に向けた生きる力の育成を目指し，教科等を合わせた指導（生活単元学習，作業学習），自立活動の指導を行う。また，各教科を知的障害特別支援学校の各教科に変えたり，各教科の目標や内容を下学年の教科の目標や内容に変えたり，当該学年の教科書に代えて，他の適切な教科用図書を使用することができる。

　そして，一人一人の教育的ニーズに応じるために，個別的な教育計画を作成することが義務付けられている。まず，長期的視点から家庭，地域，医療，福祉，保健等の関係者と連携して教育支援を行うための個別の教育支援計画を作成する。また，各教科等においては個々に応じた指導目標，内容，方法等をまとめた個別の指導計画を作成する。これらの計画には，教育を受ける権利を保障するための合理的配慮を明記する必要があり，的確な実態把握とそれに基づく支援計画を保護者と相談しながら作成することが求められる。

　さらに，小中学校等や特別支援学校においては，障害のある児童生徒と障害のない児童生徒，地域の人々がふれあい，共に活動する交流及び共同学習の機会を設け，共に尊重し合いながら協働して生活していく態度を育むことが求められている。それを通じて双方が社会性や人間性を養い，お互いに尊重し合う大切さを学び，共生社会の形成の基盤となる（文部科学省，2019c，1頁）。

3　特別支援学級の学級経営における課題と解決策

　前述したように，特別支援学級の教育には，専門性が必要であり，保護者との連携や校内外との綿密な連携が求められる。しかし，こうした専門性を担保する特別支援学校教諭免許状を保有すること等の法令上の規定はない。そのために，特別支援学級担任の特別支援学校教諭免許保有率は30.9％と少ない（文部科学省，2020，41頁）。

　一方，少人数の学級といっても在籍する児童生徒の実態は幅広い。市区町村教育支援委員会等において，特別支援学校への就学基準に該当すると判断された児童のうちで，就学先を公立小学校に指定された児童は29.7％であり（文部科学省，2020），包括的な支援が必要な児童生徒も在籍している。さらに，特別支援学級の中には外国人の児童生徒の在籍が日本人よりも多い場合もある（三浦，2020）。

　こうした状況により，特別支援学級の担任は大変な困難を抱えている。独立行政法人特別支援教育総合研究所は，2012年に知的障害学級に関する全国調査を行っている。小学校の結果を概観すると，特別支援学級担任の教職経験は22年程で，年齢は52〜57歳程，特別支援学級の経験年数は2〜3年が最も多く，特別支援学校教諭免許状の保有も3割であった。また，特別支援学級担任の5割が特別支援教育コーディネーターを担当していた。その中で最も大きな困難は，保護者と教員との間で児童生徒の実態の捉え方にズレがあること，集団での授業を全ての児童のニーズに合うように展開できないこと，児童が示す行動上の問題への対応が難しいこと，通常の学級との計画的な交流ができないこと，交流先の児童生徒に障害の理解を促すのが難しいことが挙げられた。こうした課題に対する効果的だと思う対応としては，管理職や校内の先輩・同輩への相談が挙げられた。すなわち，ベテラン教員が担当しているが，特別支援教育の知識や経験は少ない中で，実際の教育活動に困難が生じているものの，個人的な努力や連携でしのいでいる状況がうかがわれる。

資料12‒4　特別支援学級における教育経営の課題と解決策

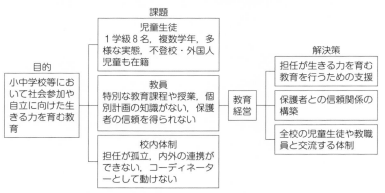

（出所）岡野（2019，1‒10頁）を参考に筆者作成。

　さらに，新任の特別支援学級の担任に自治体の特別支援教育センターが行った調査（岡野，2019）において，研修で学びたい内容として，通常の教育課程にはない自立活動が最も多く，ついで教科等における具体的な配慮内容，教育課程であった。中学校では進路指導が最も多く，進路先を高等学校なのか特別支援学校高等部なのか適切な進路指導を行うためには，進路先の情報を得ることの必要性を感じていることが挙げられた。

　以上を踏まえ，小中学校等において生きる力を育む特別支援学級の教育の目的を実現するための課題を整理し，解決策を考えてみたい（資料12‒4）。

　児童生徒については，1学級8名という少人数であっても，多様な実態があり，学年も違い，不登校，外国籍児童生徒もいる。教員については，特別支援学校教諭の免許保有は3割であり，特別支援教育の基本的な知識がないまま，特別な教育課程や授業を任される。その中で，個々に応じた教育といっても，下学年の教科指導を当てはめたり，プリント学習に終始したり，調理や遊びという活動になってしまうことも多い。さらに，通常の学級との交流学習には綿密な計画と連携がうまくできない。校内体制について，多様な児童生徒の実態があるにもかかわらず，担任1名体制である。とくに，管理職の特別支援教育に関する知識がないと全校の支えのない中で孤立する。通常の学級や教科担当

との関係が個人に依存し，連携できない。その上に，特別支援教育コーディネーターに指名されても，その業務の遂行には自身の特別支援学級担任としての業務との調整が難しい。

　すなわち，特別支援学級担任は，特別支援教育の基本的な知識を有さないままに，多様な実態の児童生徒の教育を試行錯誤で行っている。このことは児童生徒や保護者の立場からいえば，生きる力の学習ができず，負の経験を重ねてしまうことになる。また，ほとんどの高等学校に特別支援学級が設置されていない中では，進路指導が大きな課題である。

　こうした課題を解決するためには，① 担任が生きる力を育む教育を行うための支援，それを進めるための② 保護者との信頼関係の構築，さらには③ それらを支える校内体制の構築が必要である。

4　特別支援学級の学級経営の解決案

（1）担任が生きる力を育む教育を行うための支援

　特別支援学級を担任する上で，最も基本となるのは，① 特別支援教育の理解である。障害は個人がもつものではなく，個人と社会の間にある制約制限であり，それを解決するのが特別支援教育である。通常の学級の学習ができないから，特別支援学級なのではない。学習ができるように，支援を工夫するのが特別支援学級なのである。この基本理念の基で，児童生徒に向き合い，保護者と連携することがなによりも大切である。その上で，② 児童生徒の願いや実態を把握し，それを基に③ 特別な教育課程の編成を編成し，交流先との調整を踏まえた時間割を作成し，④ 授業計画をつくる（資料12‐5）。

　特別な教育課程は，児童生徒の実態に応じて，各教科，教科等を合わせた指導（生活単元学習，作業学習），自立活動から計画する（資料12‐6）。各教科はプリント学習ではなく，生活に即した実際的な体験から学習できるようにする。教科等を合わせた指導は単なる活動ではなく，各教科等との内容との関連性を明確にして学習を計画的に仕組む。自立活動は，児童生徒が自立を目指し

資料12-5　特別支援学級担任への支援

①特別支援教育の理解	→	②実態把握・願う姿	→	③特別な教育課程編成	→	④授業計画実践評価
・障害は個人と社会の間にある制約制限を解決するための概念 ・本人のよさを伸ばし困難を工夫する教育		・児童生徒の願い ・保護者の願い ・学習の習得度 ・学習の困難		・学年の学習 ・下学年の学習 ・教科等を合わせた指導 ・自立活動 ・交流学級との時間割調整		集団と個別の整理 個別の手立ての明確化 個別の学習評価

（出所）岐阜県教育委員会（2019）を参考に筆者作成。

資料12-6　特別な教育課程（具体例）

教科等	指導の留意点
各教科	・生活に即した実際的な体験から学習できるようにする。 算数「ボーリングゲームをしよう」 倒れたピンの数を数える，10から残った数を引いて倒れた数を計算する，ピンの数を合計する，倒れた数のかけ算を得点にする等，それぞれの実態に応じた目標を設定し計算の学習ができるようにする。
教科等を合わせた指導	・具体的な活動を通じて，児童生徒が個々の課題を解決するために実際的・総合的に学習できるようにする。 生活単元学習「クッキーをつくろう」 ① 菓子店で好きなクッキーを買う。 （クッキー作りへのイメージや願いをもてるようにする） ② どんなクッキーが作りたいか，準備することは何かを話し合う ③ 必要な材料を買いに行く。（買い物学習。お金の支払い） ④ 好きな形や味のクッキーを作る。（役割分担，材料の分量を測る） ⑤ 友達のためにクッキーを作る。（ラッピング，メッセージカード）
自立活動	・児童生徒が自立を目指し，障害による困難を改善・克服するための学習ができるようにする。 ・トランプ（集団の中で落ち着いて過ごすために，「心理的な安定」「人間関係の形成」「コミュニケーション」の項目を選定しての指導内容） ・トランプをするときのルールを確認し，掲示する。勝ち負けの感情のコントロールや相手への言葉のかけ方を一緒に考える。

（出所）笹森・廣瀬・三苫（2009，59-62頁）を基に筆者作成。

資料12‐7　授業計画における児童生徒の実態把握と指導の手立て

（知的障害特別支援学級）

教科領域	実　態	指導の手立て
国　語 （下学年の内容）	・平仮名，片仮名の読み書きは，ほぼできる。 ・日常生活の簡単な指示は理解できる。 ・会話が成立しにくい。	・休み時間の後に「何してきたの」と尋ね，したことを話す機会を作る。 ・単語で話したときには，話し方を教える。
算　数 （下学年の内容）	・10までのたし算，ひき算は，ほぼ計算できる。 ・時計は，何時は読めるが何分までは読めない。 ・硬貨の種類は分かるが，組み合わせていくらになるのかが分からない。	・具体物を使って繰り上がりや繰り下がりの計算ができるようにする。 ・教室の時計の文字盤に○分の数字を書いて置き，日常的に読む練習をする。 ・トレイに硬貨を複数枚並べ，選び取る練習をする。
体　育 （交流学級で）	・体を動かすことを好み，自分から運動できる。 ・ルールを理解して運動する姿が見られる。	・ルールを事前に説明する。 ・仲間の活動を見ながら一緒に運動する。
図　工 （交流学級で）	・自分の思いで，自由な発想で絵を描くことができる。 ・仲間の活動に関心をもてない	・仲良しの友達の隣の席にし，友達の様子を見て，作品を仕上げる。
生活単元学習	・様々な活動に対し，興味をもって活動できる。 ・仲間と活動できるが，自分からかかわらない。	・仲間に「貸して。」「代わって。」「いいよ。」「できたよ。」などと声を掛け合う必然性のある活動を単元の中心に位置付ける。
自立活動（「心理的な安定」「人間関係の形成」「コミュニケーション」）	・基本的生活習慣は，確立しつつある。 ・自分の思い通りにならないと，不適応を起こすことがある。	・活動内容を写真カードで示し，一日の活動内容を理解できるようにする。 ・自分の気持ちを表情カードを使って伝える。

（出所）岐阜県教育委員会（2019）を基に筆者作成。

障害による学習上又は生活上の困難を主体的に改善・克服するために必要な知識及び技能，態度及び習慣を養い，もって心身の調和的発達の基盤を培うことをねらいとしている。自立活動の内容として，「健康の保持」，「心理的な安定」「人間関係の形成」，「環境の把握」，「身体的な動き」及び「コミュニケーション」の6つの区分の下に27項目を設けている。個々の児童生徒の障害の状態等の的確な把握に基づき，障害による学習上または生活上の困難を主体的に改善・克服するために必要な項目を選定して指導を展開する。

授業計画では，教師が説明し，児童生徒が学習するという通常の学級とは異なる。教師はあらかじめ，障害の種類や程度等児童生徒の実態に応じ，学習内容を計画し，個別に指導の手立てを計画する。資料12-7で知的障害特別支援学級の例を示す。自閉症・情緒障害特別支援学級（知的障害のない児童生徒の場合）では，小学校及び中学校の学習指導要領に示されている教科の目標及び内容を学習する。多様な児童生徒が在籍する場合，同じ授業であっても，全体で行う活動と個別に行う活動を計画したり，同じ授業で個別の目標・方法で進めたりする等を計画する。

（2）保護者との信頼関係の構築

　障害のある児童生徒への支援は幼児段階から学校教育，そして卒業後へとつなぐ中で積み重ねていく。そのキーパーソンは保護者である。児童生徒のことを一番知っているのは保護者であり，将来的に一緒に生きていく。その思いや考えを無視して学校での教育や支援はあり得ない。このことを，法令上担保するものとして，個別の教育支援計画や個別の指導計画，合理的配慮がある。しかし，保護者との連携は個別の教育支援計画等を作成することのみが目的ではない。保護者と信頼関係を築き，それを基盤として，有効な支援を共に見いだし，成長を喜び，発展させることが重要である。毎日の送迎時，連絡帳，家庭訪問，懇談会等を通じて，児童生徒のよさを伝え，保護者が思いを話せるような関係をつくり，その上で児童生徒の支援を共有し，発展させ，それを支援計画として評価更新していく。

　そのためには，次のことが大切である。

　　① 学校での児童生徒が頑張っている様子，成長を保護者に積極的に伝える。

　　② 保護者に本人に対する思い，育てにくさ，願いなどを話してもらう。その話をじっくり聴き，共感し，一緒に向き合う。

　　③ 支援計画は，保護者の願いを支援計画の目標や方法に位置付け，支援する。

資料12‐8　特別支援学級を支える校内体制

① 管理職の意識学校経営計画への位置付け	・特別支援学級が一人一人を大切にする教育のモデルであり，それを全校で共有し，推進する。 ・特別支援教育を学校経営計画に位置付ける。 ・各地域の特別支援学級設置校校長会での交流及び，研修。
② 校内組織	・特別支援学級担任には，指導力があり，保護者からも信頼される教員を配置する。 ・担任になる前に，教頭や教務主任が，各自治体の特別支援学級担任のための手引き等を解説するガイダンスを行う。また，行政研修や特別支援学校のセンター的機能を活用して，担任が研修でき，相談できるようにする。 ・特別支援学校教諭免許状の取得を計画的に進める。 ・学校運営会議に特別支援学級担任を参加させる。 ・校内委員会だけでなく特別支援学級運営委員会の設置 ・特別支援学級が交流学級と活動できるように，教務主任が時間割を調整する。
③ 全校の教育活動	・特別支援学級の教室は，職員室付近や児童生徒の玄関付近等，全校の児童生徒や教職員と自然な交流が生まれるような位置にする。 ・特別支援学級の授業や給食に全校の教員がかかわる。 ・交流及び共同学習の際に特別支援学級担任と通常の学級担任がTTで授業を行い，児童生徒へ適切な支援を行い，通常の学級の教科等の指導を充実させる。 ・特別支援学級の授業研究を設定し，全教員で指導の在り方の検討し，通常の学級の指導を見直す。
④ 教職員・保護者・地域への理解啓発	・学校だよりやホームページ，年度初めのPTA総会や懇談会等で特別支援教育に対する方針を明確にし，特別支援学級の活動状況を紹介する。 ・全校朝会等の校長講話で児童生徒の理解を促す。 ・地域の自治会や青少年育成団体，スポーツ，文化団体等の関係者との連絡会や学校運営協議会，学校関係者評価委員会等の機会を利用し，地域の理解を推進する。

（出所）文部科学省（2017, 13-16頁）を基に著者作成。

④ 支援計画の評価時には，さらなる成長につながる支援について，家庭での様子を聞き出し，学校と家庭が同じ目標で取り組めるようにする。

（平澤，2019, 62-63頁）

（3）特別支援学級を支える校内体制の構築

　特別支援学校とは異なり，小中学校等における一番の問題は，特別支援学級担任は１名なので孤立することである。一方，特別支援学級在籍の児童生徒が生き生きと活動している学校は，どの子にとっても居心地がよく，安心安全に学校生活を送ることができる。そこには，校内の支援体制が極めて重要であり（独立行政法人特別支援教育総合研究所，2016，22-29頁；文部科学省，2017），校長が，特別支援学級を中心として一人一人を大切にする教育を全校体制で進めるという方針をもって，資料12-8のような点を推進することが重要である。

　以上，本章では，小中学校等において特別支援学級担任が障害のある児童生徒に生きる力を育む教育や保護者との連携をどのように進めればよいか，そして担任を支える校内体制をどう整備すればよいかについて述べた。学校として特別支援学級を支えることで，担任の困難が減り，児童生徒への教育が充実し，児童生徒が自立や社会参加ができるようになる。

引用・参考文献

岡野由美子（2019）「特別支援学級担任への研修体制に関する一考察——特別支援教育センターの研修講座の充実について」『人間教育』2(1)，1-10頁。

岐阜県教育委員会（2019）「特別支援学級担任・通級指導教室担当のための手引き（特別支援学級編）」平成30年度改定版。

笹森洋樹・廣瀬由美子・三苫由紀雄編著（2009）『新教育課程における発達障害のある子どもの自立活動の指導』明治図書。

田中裕一監修，全国特別支援学級・通級指導教室設置学校長協会編著（2019）『「特別支援学級」と「通級による指導」ハンドブック』東洋館出版社。

中央教育審議会（2012）初等中等教育分科会，特別支援教育の在り方に関する特別委員会「共生社会の形成に向けたインクルーシブ教育システム構築のための特別支援教育の推進（報告）」。

独立行政法人国立特別支援教育総合研究所（2016）『小学校・中学校管理職のための特別支援学級の教育課程編成ガイドブック—試案—』。

平澤紀子（2019）『特別の支援を必要とする子どもへの教育』ジダイ社。

三浦美恵子（2020）「特別支援学級における外国人児童生徒の在籍状況に関する一考察」『宇都宮大学国際学部研究論集』50，205-219頁。

文部科学省（2013）「教育支援資料〜障害のある子供の就学手続きと早期からの一貫
　　した支援の充実〜」。

文部科学省（2017）「発達障害を含む障害のある幼児児童生徒に対する教育支援体制
　　整備ガイドライン〜発達障害等の可能性の段階から，教育的ニーズに気付き，支
　　え，つなぐために〜」。

文部科学省（2018a）「特別支援学校幼稚部教育要領・特別支援学校小学部・中学部学
　　習指導要領」海文堂出版。

文部科学省（2018b）「小学校学習指導要領（平成29年告示）」東洋館出版社。

文部科学省（2019a）「特別支援学校高等部学習指導要領」海文堂出版。

文部科学省（2019b）「日本の特別支援教育の状況について」『新しい時代の特別支援
　　教育の在り方に関する有識者会議』資料3‐1。

文部科学省（2019c）「交流及び共同学習ガイド」

文部科学省（2020）「特別支援教育資料」

涌井恵（2014）「知的障害特別支援学級（小・中）の担当教員が指導上抱える困難や
　　その対応策に関する全国調査，研修，支援体制からの考察」『知的班の研究班活
　　動による調査平成24年〜平成25年調査報告書』独立行政法人国立特別支援教育総
　　合研究所。

（佐久間陽子）

第13章

小中学校等におけるインクルーシブ教育経営

> 小中学校等は、インクルーシブ教育を実現する中心的な場であり、多くの教職員や児童生徒等が関係する一方、学校のリソースは限られている。こうした課題を解決するために、多様な児童生徒等を包摂する教育モデルを土台として、教職員が基本的な知識や方法を学習し、管理職が関係者の連携を推進する教育経営モデルについて考える。

1 インクルーシブ教育システムにおける小中学校等の位置

　わが国において、障害のある児童生徒等の教育は、特殊学級や特殊教育諸学校という特殊な場に分けて行われてきており、小中学校等の教育は障害のある児童生徒等の在籍を想定したものではなかった。それが、ノーマライゼーションやインクルージョンの理念の普及に伴い、2007（平成19）年度から児童生徒等の教育的ニーズに応じる特別支援教育が学校教育法に位置づけられた。この特別支援教育は、資料13-1に示すように、特別支援学級と通常学級の双方にまたがり、全ての学校において行うものとなった。

　とくに小中学校等における対象については、学校教育法第81条に、「幼稚園、小学校、中学校、義務教育学校、高等学校及び中等教育学校においては、就学基準に該当する児童生徒に加えて、教育上特別の支援を必要とする幼児、児童、生徒に対し、文部科学大臣の定めるところにより、障害による学習上又は生活上の困難を克服するための教育を行うものとする」と位置づけられた。この教育上特別の支援を必要とする幼児、児童、生徒とは医学的な診断はなくても学習上又は生活上の困難があり、支援が必要と各学校で認定した対象である。

さらに，障害者の権利に関する条約に示される，障害のある児童生徒と障害のない児童生徒が共に学ぶことを追求するインクルーシブ教育システムの実現に向けて，特別支援教育を推進することになった（中央教育審議会，2012）。それは，障害のある児童生徒の個々の教育的ニーズに応じるために，通常学級，通級による指導，特別支援学級，特別支援学校を連続性のある多様な学びの場とすることで対応しようとするものである。また，その最も基本的な視点として，それぞれの児童生徒が，授業内容がわかり学習活動に参加している実感・達成感をもちながら，充実した時間を過ごしつつ，生きる力を身に付けることが重要であるとされている（中央教育審議会，2012）。

　このことは，幼稚園教育要領，小学校学習指導要領及び中学校学習指導要領（平成29年3月），高等学校学習指導要領（平成30年3月）に新たに位置づけられた。それは，特別支援学校のセンター的機能を活用し，個々の児童生徒等の障害の状態等に応じた指導内容や指導方法の工夫を継続的，組織的に行うことである。そして，特別支援学級や通級による指導を受ける児童生徒には個別の教育支援計画と個別の指導計画の作成が義務づけられた。また教科等における指導の配慮も明記された。特に2016（平成28）年4月施行の「障害を理由とする差別の解消の推進に関する法律（障害者差別解消法）」により，障害のある児童生徒が教育を受ける権利を保障するための合理的配慮の提供が義務付けられ，個別の教育支援計画に記載することになっている。

　以上のように，今日の小中学校等は，特別な支援を必要とする児童生徒等が在籍していることを前提とした教育が求められている。それは障害の有無にかかわらず，全ての児童生徒等が互いの違いや個性を認め合う学校・学級作りを求め，それが全ての児童生徒等の成長を促進する基盤的な環境整備につながり，ひいては共生する社会の実現につながるとされている（文部科学省，2017）。

2　小中学校等におけるインクルーシブ教育の現状

　小中学校等に在籍する児童生徒等のうち，特別支援教育で対応する児童生徒

資料13-1　特別支援教育の対象（義務教育段階）

（平成29年5月1日現在）

義務教育段階の全児童生徒数989万人　減少傾向

特別支援学校

　視覚障害　知的障害　病弱・身体虚弱
　聴覚障害　肢体不自由

H19年比で1.2倍
0.7%
（約7万2千人）

小学校・中学校

特別支援学級

　視覚障害　肢体不自由　自閉症・情緒障害
　聴覚障害病弱・身体虚弱
　知的障害　言語障害

（特別支援学級に在籍する学校教育法施行令
第22条の3に該当する者：約1万8千人）

H19年比で2.1倍
2.4%
（約23万6千人）

4.2%
（約41万7千人）

増加傾向

通常の学級

　通級による指導
　視覚障害　肢体不自由　自閉症　聴覚障害
　病弱・身体虚弱　学習障害（LD）言語障害
　情緒障害　注意欠陥多動性障害（ADHD）

H19年比で2.4倍
1.1%
（約10万9千人）

発達障害（LD・ADHD・高機能自閉症等）の可能性のある児童生徒：6.5%程度*の在籍率
※この数値は，平成24年に文部科学省が行った調査において，学級担任を含む複数の教員
により判断された回答に基づくものであり，医師の診断によるものでない。

（通常の学級に在籍する学校教育法施行令第22条の3に該当する者：約2,000人（うち通級：約
250人））

（出所）文部科学省（2019a，5頁）。

等は，「通常の学級に在籍する特別な支援を必要とする児童生徒（通級による
指導を受ける児童生徒と通級による指導は受けず学級内で配慮する児童生徒）」
と「特別支援学級に在籍する児童生徒」である。資料13-1に示したように，
義務教育段階の児童生徒数は減少する中で，通級による指導を受ける児童生徒，
特別支援学級の児童生徒は増加している。

　特に2013年に就学先決定の仕組みが改正され，就学基準に該当する児童生徒
は特別支援学校に就学する原則が変更され，本人の教育的ニーズ等に応じた総
合的な判断に変わった。就学基準に該当する児童生徒のうち，小中学校に就学

する児童生徒は29.7％である（文部科学省，2019）。小中学校等には広範囲の支援が必要な児童生徒が在籍していることになる。さらに，今日では，特別支援教育の対象だけでなく，外国人児童生徒，貧困，不登校等への対応も求められている（中央教育審議会，2021）。このように，今日の小中学校等には，特別支援教育制度で対応する児童生徒のみならず多様な児童生徒を包摂する教育が求められている。

　一方，特別支援教育を推進するための体制整備はどのようであろうか。文部科学省のガイドライン（2017）には，校長の責務が明示されている。そこには，校長は自らが特別支援教育や障害に関する認識を深めるとともに，リーダーシップを発揮し，⑴特別支援教育に関する校内委員会の設置，⑵実態把握，⑶特別支援教育コーディネーターの指名，⑷関係機関との連携を図った「個別の教育支援計画」の策定と活用，⑸「個別の指導計画」の作成，⑹教員の専門性の向上に取り組むこととされている（文部科学省，2017）。

　こうした体制整備に関する全国調査からは，校内委員会の設置や特別支援教育コーディネーターの指名はほぼできており，個別の教育支援計画や個別の指導計画の作成，教員研修も進んでいることが示されている。しかしながら，全校で具体的な支援を検討するには至っておらず，担任等が個別に対応していることが指摘されている（文部科学省，2017）。

　一方，今日，全ての教員の専門性として，特別支援教育の基本的な知識や方法を習得していることが求められている（中央教育審議会，2021）。そして，教員養成大学においては，通常の学級における対応を中心とした特別支援教育の学習が必須化された。しかしながら，教職員の多くはこのような養成や研修を受けていない。また，特別支援教育を推進する役割をもつ特別支援教育コーディネーターには特別支援学校教諭免許状の保有が義務づけられておらず，担当者の知識や経験は様々である。さらに，特別支援教育コーディネーターが役割を遂行するには教育相談，校内研修，学習指導等に関する連携が必要であるが，校務分掌に位置づけられていないと連携が進まず，また担当者のそれぞれが特別支援教育に関する知識や経験がないと組織的対応につながらない。

3　小中学校等におけるインクルーシブ教育経営の課題と解決策

　前述してきたように，今日の小中学校等においては，特別な支援を必要とする児童生徒等を含む多様な児童生徒等を包摂する教育が求められている。そのために，管理職は一人一人を大切にする教育を重視し，教職員も努力してきた。しかし，現状は資料13-2に示すような，通常の教育課程において児童生徒等の教育的ニーズに応じることの困難が生じており，その背景には教職員の知識不足，さらには組織対応に関わる問題がある。

　特別支援学校は全てが特別な支援を必要とする児童生徒等で，対応するのは

資料13-2　小中学校等のインクルーシブ教育において生じている問題

問　題	具体的な内容
通常の教育課程	・通常学級の教育課程において，個別の教育的ニーズにそぐわない内容の学習が提供され評価を受ける場合がある。 ・個別の教育的ニーズに必要な支援（合理的配慮）が提供できない。 ・上記対応により二次的問題が生じることがある。
教職員	・教員養成段階で特別支援教育について学んでいない。 ・個別の教育支援計画・個別の指導計画について知識が不十分で，書類作成にとどまり，教育に活かせない。 ・教科指導と特別支援教育が別のものだという風潮がある。 ・若手教員の採用が増え，教科書に沿った指導を進めるのが精一杯で個別の教育的ニーズに応じられない ・特別な支援を要する児童生徒の保護者との連携が難しい。
組織対応	・担任や担当者のみが試行錯誤し，問題が悪化してからの対応になることが多い。 ・特別支援教育コーディネーターが指名されていても，その役割遂行が，担当者の知識や経験によって左右される。 ・教科指導，学習指導等の連携が必要であるが，校務分掌上ではなく，教職員個人での対応になることが多い。 ・問題が生じてもケース会議の手続きが不明瞭である。 ・ケース会議が開かれても，情報共有にとどまり，組織的な支援に至らない場合がある。 ・外部機関との連携の進め方がわからない。 ・日々の多忙な業務の中で，特別支援教育の研修が難しい。

（出所）筆者作成。

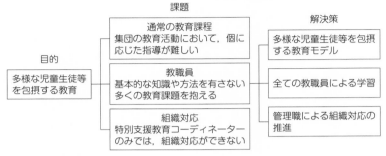

資料13-3　インクルーシブ教育の課題と解決策

課題

目的

多様な児童生徒等
を包摂する教育

通常の教育課程
集団の教育活動において，個に
応じた指導が難しい

教職員
基本的な知識や方法を有さない
多くの教育課題を抱える

組織対応
特別支援教育コーディネーター
のみでは，組織対応ができない

解決策

多様な児童生徒等を包摂
する教育モデル

全ての教職員による学習

管理職による組織対応の
推進

（出所）筆者作成。

特別支援教育の教員である。一方，小中学校等は，特別な支援を必要とする児童生徒等は一部で，その児童生徒等を含む学級全体への対応が必要であり，それを特別支教育が専門ではない教員が行う。それも新しい時代の教育を推進し，いじめや不登校，ICT活用，働き方改革という多くの教育課題を抱える中での対応となる。すなわち，インクルーシブ教育は多くの教職員や児童生徒等に関係する一方，限られた特別支援教育のリソースで対応しなければならないところに根本的な課題がある。

　このような課題を解決するために，多様な児童生徒等を包摂する教育モデルを土台として，全ての教職員が基本的な知識や方法を学習し，管理職が特別支援教育コーディネーターを支える組織対応が求められる（資料13-3）。

4　インクルーシブ教育を実現する教育経営モデル

（1）多様な児童生徒等を包摂する教育モデル

　新しい学習指導要領には，特別な支援を必要とする児童生徒等に対して，合理的配慮の提供を含む個別の教育支援計画や指導計画の作成が求められている。また，教科等において生じやすい困難に対する指導の配慮が明示されている。しかし，特別な支援を必要とする児童生徒が在籍するのは，集団の教育活動で

資料13-4　インクルーシブ教育を実現する教育経営モデル

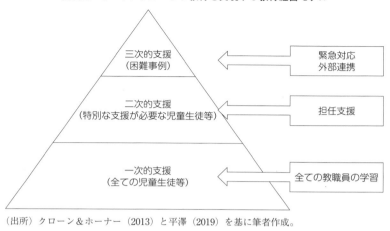

（出所）クローン＆ホーナー（2013）と平澤（2019）を基に筆者作成。

ある。その中で，担任が個に応じた指導を行うことは容易なことではない。

　こうした課題に対して，全ての児童生徒を対象とした一次的支援を土台として，その上に個々に必要な二次的支援を行い，さらには現在問題が生じている児童生徒に個別的，集中的な三次的支援を行うという階層的支援の考え方（クローン＆ホーナー，2013）が重要となる（資料13-4）。

　このような階層的支援は，最初に，児童生徒等全体への指導を工夫する。それにより，全ての児童生徒等が学びやすい環境になり，不適応が減少する。担任にとっては，全体指導がより多くの児童生徒に届くことになり，結局は個に応じた指導を行いやすくなる（平澤，2019；柳橋・佐藤，2014）。このことが，集団の教育活動において個に応じた指導を実現するための重要な点なのである。

　この一次的支援に，ユニバーサルデザインの考え方が導入されている。ユニバーサルデザインとは，障害者の権利に関する条約第2条において，「調整又は特別な設計を必要とすることなく，最大限可能な範囲で全ての人が使用することのできる製品，環境，計画及びサービスの設計」として示され，それを権利保障の対応に取り入れることが求められている（第4条(f)）。

　教育においては様々な内容が示されているが（CAST，2011；藤井・齊藤，

2010；佐藤，2018；柳橋・佐藤，2014），共通する目的は，学びのアクセスビリティーである。そのために，学習環境にある学びの障壁をあらかじめ除去し，温かい人間関係を構築することで，様々なニーズに応じようとするものである。例えば，認知の偏りや注意集中の困難という学びの障壁に対して，あらかじめ学びのルールや約束を明示し，板書や課題指示を工夫し，取り組みの意欲づけを行い，違いを認め合う学級経営を行うこと等が示されている（国立特別支援教育総合研究所，2010）。

　このような教育モデルを教職員の指導から捉えると，全ての児童生徒等に対する一次的支援は全ての教職員が行いその上で，二次的支援として，特別な支援を必要とする児童生徒を担当する担任支援を行う。さらに，三次的支援として，すでに問題が生じている困難事例には緊急対応や外部連携の対応を行う（水野，2019）ことが重要となる。

（2）全ての教職員による学習

　新しい学習指導要領を踏まえると少なくとも次の5点について，全ての教職員が学習する必要がある。

　① 障害は個人がもつものではなく，社会との間に生じる制約や困難であり，それを解決するのが特別支援教育の制度である。

　② その対象は特別支援学級だけでなく，通常の学級に在籍する特別な支援を必要とする児童生徒等である。

　③ ユニバーサルデザインを土台に，多様な児童生徒等を含む学級対応ができる。

　④ 通常の学級に在籍し通級による指導を受ける児童生徒等と特別支援学級の児童生徒等には個別の教育支援計画と個別の指導計画を作成する（合理的配慮の提供も含む）義務がある。

　⑤ 担任が一人で抱え込まず，校内委員会や外部連携を通じて，必要な支援の計画や検討を行う。

資料13-5　管理職による組織対応の推進

ニーズ	関係者	管理職の推進
全ての教職員の学習	特別支援教育コーディネーター 教育相談担当	① インクルーシブ教育に関する情報提供 ・年間の研修計画の調整 ・事例提供の依頼 ・ミニ通信による情報提供（終礼・職員会）
担任支援	教育相談担当 特別支援教育コーディネーター 生徒指導主事	② 事例検討会議の明確化 ・会議の流れを明記したフローチャート作成 ・会議の内容を共有し，校内で支援を推進するための情報シートの作成
緊急対応外部連携	特別支援教育コーディネーター 生徒指導主事	③ 担当者や手続きの明確化 ・保護者対応（転籍に関わること，児童生徒の支援に関わること等） ・発達検査や支援計画作成について ・外部機関のリストの作成

（出所）水野（2019）を基に筆者作成。

　このような学習を全ての教職員がすることで，通常の教育課程における対応や組織対応に関するリテラシーが高まり，問題の抱え込みを防止することになる。

（3）管理職による組織対応の推進

　特別支援教育コーディネーターだけでは組織的対応ができない。管理職は学校経営計画に多様な児童生徒等を包摂する教育を明示し，特別支援教育コーディネーターを校務分掌に位置づけ，組織的対応ができるようにする。そして，学校運営協議会等を通じて保護者や地域の理解啓発を行う。とくに，管理職は，特別支援教育コーディネーターが役割を遂行できるように，全ての教職員による学習，関係者による事例検討，緊急対応や外部連携を主導することが重要である。

　例えば，水野（2019）は，資料13-5に示すような管理職が関係者の連携を主導した実践を紹介している。ここでは，特別支援教育コーディネーターは生活指導部に位置づけた。

全ての教職員の学習では，特別支援教育コーディネーターがインクルーシブ教育に関する情報提供や役割遂行ができるように，教頭が年間の研修計画を調整したり，教育相談担当者に児童生徒等の事例提示を求めたりした。また，教頭がミニ通信により特別な支援を必要とする児童生徒等の状況や学校全体で取り組む支援の内容について情報提供した。

　担任支援では，特別支援教育コーディネーターが事例検討を推進できるように，特別支援教育コーディネーター，生徒指導主事，教育相談担当等と共に事例検討会の手続きを明記したフローチャートを作成した。そして，担任が困っている事例を校内で組織的に支援できるように，事例検討会で明らかにした支援について誰が何をするのかを明確にする情報共有シートを作成した。

　緊急対応では，特別支援教育コーディネーターが迅速に，担任支援や外部連携の窓口になれるよう，転籍や児童生徒の支援に関わる保護者対応，発達検査や個別の指導計画作成，緊急対応等について，相談するための外部機関や手続きを明確にした。

　この他，特別支援教育コーディネーターが教科指導部や研究推進部の会議に参加し，特別な支援を必要とする児童生徒等への教科指導や教員間での授業研究が促進されることも報告されている（石橋，2018；加藤，2021）。

　多忙な日々においても，管理職をはじめ，全ての教職員は，どの児童生徒等にとっても充実した学校生活となるように願い，何とか支援したいと努力し続けている。その願いや努力の一方で，特別支援教育のリソースは限られている。本章で示した教育経営は，限られた学校のリソースを最大限に活用し，さらに外部と連携しながら，多様な児童生徒等を包摂する教育を実現するための手がかりとなるのではないだろうか。

引用・参考文献

石橋信弘，（2018）「中学校における教科指導体制を活かしたインクルーシブ教育の推進」平成30年度岐阜大学教職大学院教職実践開発報告（未刊行）。

笠井孝久（2020）「通常学級における特別支援教育の実情と課題」『千葉大学教育学部研究紀要』68，229-233。

加藤満（2021）「学校の強さを活かしたインクルーシブ教育推進モデルの開発」『岐阜大学教職大学院紀要』4，23-31。

クローン，ディアンヌ A.・ホーナー，ロバート H.／野呂文行・大久保賢一・佐藤美幸・三田地真実訳（2013）『スクールワイド PBS ——学校全体で取り組むポジティブな行動支援』二弊社。

国立特別支援教育総合研究所（2010）「小・中学校等における発達障害のある子どもへの教科教育等の支援に関する研究」平成20〜21年度研究成果報告書。

佐藤隆也（2018）「ユニバーサルデザインの視点による授業改善の考察——アクティブラーニングとの関連」『川崎医療福祉学会誌』27(2)，259-26。

中央教育審議会（2021）「「令和の日本型学校教育」の構築を目指して〜全ての子供たちの可能性を引き出す，個別最適な学びと，協働的な学びの実現〜（答申）」。

中央教育審議会（2012）「共生社会の形成に向けたインクルーシブ教育システム構築のための特別支援教育の推進」

藤井茂樹・齊藤由美子（2010）「通常学級へのコンサルテーション——軽度発達障害児及び健常児への教育効果」独立行政法人国立特別支援教育総合研究所平成19年度—21年度科学研究費補助金（基盤研究(B)）研究成果報告書。

平澤紀子（2019）「特別な支援を必要とする子どもへの教育」ジダイ社。

水野暁子（2019）「小学校における管理職中心に推進するインクルーシブ教育システムモデルの開発」『岐阜大学教職大学院紀要』3，57-66。

水野暁子・平澤紀子（2019）「学級担任のインクルーシブ教育にかかわるニーズ把握表の作成」『岐阜大学教育学部研究報告（人文科学）』68(1)，149-156。

文部科学省（2012）「通常の学級に在籍する発達障害の可能性のある特別な教育的支援を必要とする児童生徒に関する調査結果について」。

文部科学省（2017）「発達障害を含む障害のある幼児児童生徒に対する教育支援体制整備ガイドライン〜発達障害等の可能性の段階から，教育的ニーズに気付き，支え，つなぐために〜」。

文部科学省（2018）「特別支援学校幼稚部教育要領・特別支援学校小学部・中学部学習指導要領」海文堂出版。

文部科学省（2019a）「日本の特別支援教育の状況について」『新しい時代の特別支援教育の在り方に関する有識者会議』資料3‐1。

文部科学省（2019b）「特別支援学校高等部学習指導要領」海文堂出版。

柳橋知佳子・佐藤愼二（2014）「通常学級における授業ユニバーサルデザインの有用性に関する実証的検討——小学校1年生「算数科」を通した授業改善を通して」『植草学園短期大学研究紀要』15，49-56頁。

CAST（2011）「学びのユニバーサルデザイン（UDL）ガイドライン全文 Version2.0」（日本語翻訳，金子晴恵・バーンズ亀山静子）。

（水野暁子）

あ と が き

　1979年に義務教育としての養護学校が開始され，いまや多様な人々が共に生きる社会に向けて，全ての学校で特別支援教育を推進する時代となっている。いうまでもなく，当事者や関係者のたゆまぬ努力と実践の積み重ねの上に至ったものである。本書は，その歩みを進めるために，初めて，学校経営と特別支援教育がコラボし，学校経営の実践開発書を創り出そうとしたものである。

　一般に，学校経営においては特別支援学校のことを語らず，特別支援教育においても学校経営のことを語らない。そこには，双方を知る専門家が少ないという問題がある。また，学校経営において実際に直面する課題解決に向けた実践を行うためには，単に知識の解説では間に合わない。

　この２つの問題を解決すべく，学校経営や特別支援教育を専門とする大学教員，学校経営に日々向き合っている校長や教頭等が執筆に参加した。ただし，手持ちの材料では間に合わない。前提となる知識を学習しながら進める必要があった。そのために１年間にわたり，計８回の研究会を開催した。執筆者は担当章の原稿を報告し，全員で小中学校等との連続性において特別支援学校の固有性は何か，そして障害特性に応じた教育を推進するためにどのように組織や教育をマネジメントできるかを議論した。

　研究会を通じて，あらためて，特別支援学校が様々な葛藤を抱えながら，学校現場の努力により，対応している状況を認識することになった。そして，この葛藤を少しでも整理し，実践開発の展望を描くことが，我々のミッションとなった。結果として，それぞれの執筆はハードルの高いものとなった。

　このようなプロセスを経て，本書は，学校教育全体の中で特別支援学校の制度や学校経営を可視化し，課題解決実践のための見通しを提供することに近づいたのではないかと考えている。それは，特別支援学校のみならず，全ての学校の管理職や教員に役立つものと自負している。ただし，志は高くも，不十分

な点が多くあると思われる。多くの皆様に忌憚のないご意見をいただき，未来を創り出す歩みを共に進めたいと願っている。

　最後に，ミネルヴァ書房編集部の浅井久仁人氏には，丁寧な校正と励ましをいただいた。あらためて感謝申し上げたい。

2021年12月27日

共編者　平澤紀子

索引（＊は人名）

執筆者紹介 （執筆担当，執筆順）

篠 原 清 昭（しのはら・きよあき，編者，岐阜聖徳学園大学教育学部教授） まえが
　　　　　　　　き，第 1 章

平 澤 紀 子（ひらさわ・のりこ，編者，岐阜大学教職大学院教授） あとがき，第 2 章

出 口 和 宏（でぐち・かずひろ，岐阜大学教職大学院特任教授） 第 3 章

芥 川 祐 征（あくたがわ・まさゆき，岐阜大学教職大学院助教） 第 4 章

澤 田 秀 俊（さわだ・ひでとし，岐阜県立中濃特別支援学校校長） 第 5 章

松 原 勝 己（まつばら・かつみ，岐阜県立大垣特別支援学校校長） 第 6 章

西 脇 熱 士（にしわき・あつし，岐阜県立西濃高等特別支援学校教頭） 第 7 章

佐々木千絵（ささき・ちえ，岐阜県立西濃高等特別支援学校） 第 8 章

原 純 一 郎（はら・じゅんいちろう，岐阜県立長良特別支援学校） 第 9 章

松 本 和 久（まつもと・かずひさ，岐阜聖徳学園大学教育学部教授） 第10章

雪 丸 武 彦（ゆきまる・たけひこ，西南学院大学人間科学部准教授） 第11章

佐久間陽子（さくま・ようこ，岐阜市立岐阜特別支援学校高等部主事） 第12章

水 野 暁 子（みずの・あきこ，飛騨市立神岡中学校教頭） 第13章

特別支援教育のマネジメント

2022年3月30日　初版第1刷発行　　　　　　　　〈検印省略〉

定価はカバーに
表示しています

編著者　　　篠　原　清　昭
　　　　　　平　澤　紀　子

発行者　　　杉　田　啓　三

印刷者　　　江　戸　孝　典

発行所　株式会社　ミネルヴァ書房

607-8494 京都市山科区日ノ岡堤谷町1
電話代表　(075)581-5191
振替口座　01020-0-8076

© 篠原，平澤ほか，2022　　　　　共同印刷工業・藤沢製本
ISBN978-4-623-09338-0
Printed in Japan

▌保育・幼児教育・子ども家庭福祉辞典

中坪史典・山下文一・松井剛太・伊藤嘉余子・立花直樹編集委員

四六判　640頁　本体2500円

●子ども，保育，教育，家庭福祉に関連する多様な分野の基本的事項や最新動向を網羅し，学習から実務まで役立つ約2000語を収載した。実践者，研究者，行政関係者，将来は保育や教育の仕事に携わろうとする学生，子育てを行う保護者，これから子育てを担う人たちなど，子どもに関わる様々な人々を傍らから支える用語辞典。テーマごとの体系的な配列により，「読む」ことで理解を深められる。

▌小学校教育用語辞典

細尾萌子・柏木智子編集代表　四六判　408頁　本体2400円

●小学校教育に関わる人名・事項1179項目を19の分野に分けて収録。初学者にもわかりやすい解説の「読む」辞典。小学校教員として知っておくべき幼稚園教育や校種間の連携・接続に関する事項もカバーした。教師を目指す学生，現役の教師の座右の書となる一冊。

▌カリキュラム研究事典

C・クライデル編　西岡加名恵・藤本和久・石井英真・田中耕治監訳

B 5 判函入り　834頁　本体22,000円

●カリキュラム論の発祥地・アメリカ編まれた事典。基本的なキーワードの解説に加えて周辺にあるコンセプトや研究機関の解説まで，全505項目を収録。簡潔で明快な解説で「読む事典」として活用できる。

ミネルヴァ書房

https://www.minervashobo.co.jp/